Fachbegriffe für Mediengestalter digital/print

Autoren:

Baumstark
Böhringer
Bühler
Jungwirth

Best.-Nr. 6061
Holland + Josenhans Verlag Stuttgart

1. Auflage 2002

Dieses Werk folgt der reformierten Rechtschreibung und Zeichensetzung.

Alle Rechte vorbehalten. Das Werk und seine Teile sind urheberrechtlich geschützt. Jede Verwertung in anderen als den gesetzlich zugelassenen Fällen bedarf deshalb der vorherigen schriftlichen Einwilligung des Verlages.

Dieses Buch ist auf Papier gedruckt, das aus 100 % chlorfrei gebleichten Faserstoffen hergestellt wurde.

© Holland + Josenhans GmbH & Co., Postfach 102352, 70019 Stuttgart
Tel.: 07 11/6 14 39 20, Fax: 07 11/6 14 39 22, E-Mail: verlag@huj.03.net,
Internet: www.holland-josenhans.de

Satz: Satzpunkt Bayreuth GmbH, Bayreuth

Druck und Weiterverarbeitung: Druckhaus „Thomas Müntzer" GmbH, Bad Langensalza

ISBN 3-7782-6061-8

Vorwort

Mediengestaltung – visuelle Kommunikation. Und dann ein Wort-Check ohne Bilder?

Die Konzeption, Gestaltung und Produktion von Print- und Nonprint-medien stellen gestalterisch und technisch komplexe Anforderungen. Deshalb ist die Voraussetzung für ein Gelingen der Zusammenarbeit von Kreativen, Produktionern und Technikern die Kommunikation in einer gemeinsamen Sprache.

Der Wort-Check „Mediengestalter – Digital/Print" vermittelt in mehr als 1300 Fachbegriffen den notwendigen Grundwortschatz. Wo notwendig, wird neben der Bedeutung des Begriffs oder der Abkürzung noch eine kurze fachliche Erklärung gegeben.

Die Fachbegriffe sind zunächst thematisch und dann innerhalb des Themas alphabetisch geordnet. Dadurch sind die einzelnen Begriffe in ihren fachlichen Kontext eingebettet. Das alphabetische Stichwort-verzeichnis am Ende des Wort-Checks ermöglicht das einfache Auffinden eines Begriffs. Die Angabe mehrerer Seitenzahlen zeigt die Verwendung eines Begriffs in verschiedenen Fachgebieten. Zusätzlich helfen Querverweise bei der Verknüpfung.

Die Arbeit an diesem Buch erfolgte mit der größten Sorgfalt. Dennoch werden Inhalte, u. a. durch die rasante technologische Entwicklung, für weitere Auflagen überarbeitet werden müssen. Für konstruktive Kritik, Hinweise und Ergänzungen im Voraus vielen Dank.

Wir wünschen allen Leserinnen und Lesern viel Freude und Erfolg bei der Arbeit mit diesem Buch.

Stuttgart, im Oktober 2002

Armin Baumstark
Joachim Böhringer
Peter Bühler
Franz Jungwirth

Inhalt

1 Gestaltung

1.1 Wahrnehmung

Assoziation
Verknüpfung von Vorstellungen und Vor-bildern.

Gedächtnisformen
Ultrakurzzeitgedächtnis (10 bis 20 Sekun-den), Kurzzeitgedächtnis (20 Sekunden bis 20 Minuten), Langzeitgedächtnis.

Gesichtsfeld
Fläche, die der Mensch ohne Kopf- und Augenbewegung erfassen kann.

Lesen
Abtasten einzelner Worte mittels Fixatio-nen. Wir erfassen jeweils etwa 10 Zeichen, wobei nur die mittleren scharf gesehen werden.

Perzeption
Wahrnehmung.

Rezipieren
Gedankengut, Kulturgut aufnehmen und/oder übernehmen.

Visuelles Gewicht
Maß der Augenfälligkeit.

Wahrnehmung
Ergebnis der Interpretation verfügbarer Information.

Wertigkeit
Wahrnehmung nach den Intentionen des Betrachters und/oder des Gestalters.

Zielgruppe
Personenkreis, der für die Nutzung z. B. der Internetseite, in Betracht kommt.

1.2 Grundlagen der Gestaltung

Aussagewunsch	Inhaltliche Zielsetzung.
Diagramm	Grafik zur Visualisierung von statistischen Zahlen oder Prozessen.
DIN-Format	Flächen mit dem Seitenverhältnis 1:1,41, ausgehend von DIN A0 (841 mm × 1189 mm).
Dynamik	Bewegung.
Entwurf	Visualisierung einer Idee.
Farbe	Gestaltungsmittel.
Flächenaufteilung	Gliederung der Fläche.
Fluchtpunkt-perspektive	Parallel verlaufende Kanten sind auf einen Fluchtpunkt ausgerichtet.
Form	Gestalt eines Gestaltungselementes, die Wahrnehmung der Form hängt u. a. von ihrer Umgebung ab.
Format	Fläche, auf der Gestaltung stattfindet.
Geschlossenheit	Gliederungsmittel, geschlossene Elemente gehören zusammen und grenzen ab.
Gleichheit	Gliederungsmittel, gleiche Elemente werden als zusammengehörig wahrgenommen.
Gliederung	Reihenfolge der Wahrnehmung festlegen.
Goldener Schnitt	Harmonische Proportionsregel, s. 1.5.1.
Idee	Vorstellung einen Aussagewunsch umzusetzen.

Blickfang, auch: Eyecatcher	Augenfälligstes Bildelement.
Blickrichtung	Blickrichtung der abgebildeten Personen, Blickrichtung des Betrachters durch Motivgestaltung.
Blue Screen	Kombinationstrickverfahren, der farbige Hintergrund der Aufnahme wird anschließend durch einen neuen Hintergrund ersetzt.
Casting	Besetzung mit Darstellern.
Drehbuch	Anleitung zur Gestaltung und Inhalt eines Films in schriftlicher Form, umfasst meist Szenenbeschreibung, Schnittanweisung und Dialoge.
Drehplan	Planung des zeitlichen Ablaufs der Dreharbeiten.
Drehverhältnis	Verhältnis des aufgenommenen Materials zum geplanten fertigen Film.
Einstellung	Kleinste Einheit eines Films, nicht unterbrochene Aufnahme.
Einstellungsdauer	Länge einer Einstellung, abhängig von Inhalt und Aussagewunsch.
Einstellungsgrößen	Bild- bzw. Aufnahmeformat

- Totale (long shot): die ganze Szenerie wird im Bild erfasst, sie verschafft Überblick und Orientierung.
- Halbtotale (medium long shot): Teile der Szenerie, z. B. eine Person in ihrem Umfeld.
- Amerikanische Einstellung (american shot): z. B. eine Person vom Knie an

aufwärts, klassische Einstellung im Westernduell.

- Halbnahaufnahme (medium close-up): z. B. obere Körperhälfte einer Person.
- Nahaufnahme (close-up): z. B. Drittel der Körpergröße.
- Großaufnahme (very close-up): z. B. Kopf bildfüllend.
- Detailaufnahme (extreme close-up): z. B. Teile des Gesichts.

Exposé
Ideenskizze, erste schriftliche Ausarbeitung einer Filmidee.

Farbe
Harmonie oder Kontrast, immer nur um die Bildwirkung zu unterstützen.

Filmschnitt, Filmmontage
Aneinanderreihen der Einstellungen.

Filmzeit
Die nach dem Empfinden des Zuschauers (von der realen Zeit abweichende) vergangene Zeit der Filmhandlung.

Führungslicht
Bestimmendes Licht einer Aufnahme.

Geführte Kamera
Kamera folgt dem Handlungsträger.

Hintergrund
Rahmen, Unterstützung der Bildwirkung.

Kamerafahrt
Veränderung von Perspektive, Standpunkt und Bildausschnitt während einer Einstellung.

Linearer Schnitt
Analoger Videoschnitt.

Montageformen
Schnitt nach inhaltlichen, dramaturgischen und ästhetischen Gesichtspunkten, z. B. Parallelmontage, rhythmische Montage.

Neigen	Senkrechte Kamerabewegung am Standort.
Nonlinearer Schnitt	Filmschnitt (konventionell), digitaler Videoschnitt.
Perspektive	Aufnahmestandort, Blick auf das Motiv.
Realzeit	Tatsächlich vergangene Zeit.
Schärfentiefe	Scharfer Bereich in der abgebildeten Raumtiefe eines Bildes.
Schnittplan	Plan zur Filmmontage mit allen notwendigen Angaben wie z. B. Abfolge der Szenen, Überblendungen und Ton.
Schuss/Gegenschuss	Standort und Blickrichtung werden gewechselt, beide Einstellungen erscheinen zusammengehörig.
Schwenk	Waagerechte Kamerabewegung am Standort.
Storyboard	Zeichnerische Darstellung der einzelnen Einstellungen.
Treatment	Darstellung des Filminhalts.
Vordergrund	Rahmen, Mittel zur Blickführung.
Wissende Kamera	Kamera weiß, wo es weiter geht.
Zoomfahrt	Kontinuierliche Brennweitenänderung.

1

1.4 Layout

1.4.1 Aufbau

Blindtext   Willkürlicher Text, der mit dem Inhalt des tatsächlichen Textes nichts zu tun hat. Jedoch sind Textmenge, Schriftart, -größe, Laufweite, Zeilenabstand, Satzart, Andordnung der Texte usw. stimmig.

Format   Fläche, auf der Gestaltung stattfindet.

Gestaltungsraster   Satzspiegel-Schemata, worin der Satzspiegel in gleichartige Flächen zerlegt wird, um Texte und Abbildungen einheitlich anzuordnen.

Layout   Kundenskizze. Entwurf, welcher dem künftigen Publishing-Ergebnis entspricht.

Reinlayout   Verfeinerung des Rohlayouts. Schriftart, -größe, Laufweite, Zeilenabstand, Satzart, Andordnung der Texte, Bilder usw. sind eindeutig.

Rohlayout   Umsetzung des Scribbles. Formatverbindlich.

Satzspiegel   Beschriebene bzw. bedruckte Fläche einer Seite.

Scribble   Ideenskizze, die erste Gedanken visualisiert. Nicht formatverbindlich.

Seitenlayout   Entwurf für eine Seite oder Doppelseite, der in allen Details dem Medienergebnis entspricht.

1.4.2 Struktur

Anfangskolumne	Erste Textseite eines Werkes bzw. Kapitels.
Dedikation, Widmungstitel	Nach dem Titel folgt der Widmungstitel, wenn das Werk jemand gewidmet ist.
Frontispiz	Titelbild am Anfang des Werkes gegenüber dem Titel.
Fußnote	Hinweise zu einer bestimmten Textstelle, die am Fuß einer Seite innerhalb des Satzspiegels oder am Ende des Kapitels oder Werkes stehen.
Haupttitel	Eigentlicher Titel des Buches. Enthält Autor und Titel des Buches.
Headline	Hauptüberschrift.
Index	Stichwortverzeichnis, siehe auch 1.5.2
Initiale	Großer, manchmal verzierter Anfangsbuchstabe am Satzbeginn.
Kolumne	Eine Seite eines Werkes oder Druckproduktes.
Kolumnenziffer, Pagina	Seitenzahl.
Lebender Kolumnentitel	Enthält Text, der sich auf den Inhalt der Seite bezieht.
Marginalie	Randbemerkung. Texthinweise, die sich seitlich auf dem äußeren „Papierrand" befinden.
Musterseite	Der Gestaltungsraster der Seite wird im Layoutprogramm angelegt und es müssen

	nur noch die Texte und Abbildungen ein-gefügt werden.
Probeseite	Es werden für den Kunden einzelne Seiten zur Kundenvorlage gestaltet.
Registerhaltigkeit	Die Textzeilen aller Seiten sind einheitlich im Stand angeordnet, so dass die Texte auch von der Vorder- und Rückseite auf einer Linie stehen.
Rubriktitel	Toter oder lebender Kolumnentitel.
Schmutztitel	Das erste bedruckte Blatt eines Buches. Der Schmutztitel enthält Autor und Titel des Buches und steht vor dem Haupttitel.
Spaltensatz	Text, der über mehrere Spalten fließt.
Spitzkolumne	Schlusskolumne. Ausgangsseite eines Werkes bzw. Kapitels.
Subline	Zwischenüberschrift.
Titelbogen	Der erste Bogen eines Werkes mit Schmutz-, Haupttitel, Vorwort und Inhalts-verzeichnis.
Titelsatz	Publizieren von Titel, welche große Schrift-größen und Displayschriften enthalten.
Toter Kolumnentitel	Enthält nur die Seitenzahl sowie Text, der sich nicht auf den Inhalt der jeweiligen Seite bezieht.
Vakatseite	Leere, unbedruckte Seite.
Vorspanntext	Anreißer. Text, welcher nach der Über-schrift folgt und Interesse an dem nachfol-genden Textes weckt.

1.4.3 Produkte

Akzidenzsatz

Publizieren von Klein- und Gelegenheits-drucksachen, wie z. B. Geschäfts- und Privatdrucksachen.

Formelsatz

Satz und Darstellung von chemischen und mathematischen Formeln.

Formularsatz

Tabellensatz mit leeren Feldern, welche zum handschriftlichen oder elektronischen Ausfüllen dienen. Bekannteste Formulare sind der Lohnsteuer- und Einkommensteu-ererklärung, Personalbögen, Versiche-rungsantragsformulare, Überweisungsfor-mulare.

Fremdsprachensatz

Erstellung von Texten in anderen Spra-chen. Beim westeuropäischen Fremdspra-chensatz wird mit der üblichen Tastatur-Einteilung gearbeitet.

Katalogsatz

Publizieren von Katalogen. Im Gegensatz zu Werksatz ist im Katalogsatz Text und Bild gemischt. Es überwiegt das Bild.

Tabellensatz

Satz von geordneten übersichtlichen Schriftzeilen in Reihen bzw. Spalten. Auf-gabe des Tabellensatzes ist es, die Bezie-hungen von Werten, Texten und Zeichen in eine verständliche und übersichtliche Gliederung zueinander zu bringen.

Werksatz

Druckprodukt, bei welchem der Text über-wiegt.

Zeitungssatz, Zeitschriftensatz

Satz, der in schmalen Spalten erstellt wird. Durch die schmalen Spalten entstehen Probleme der Silbentrennung, Lesbarkeit und Ästhetik. Überschriften, Zwischenüberschriften usw. verursachen ein unruhiges Erscheinungsbild, sind aber nötig, um den Text aufzulockern. Des Weiteren sind im Zeitungs- und Zeitschriftensatz Anzeigen integriert.

1.5 Typografie

1.5.1 Allgemein

Fixation

Kurze Stillstände beim Lesen. Wenn der Blick beim Lesen über die Zeile gleitet, anhält und die Buchstaben wahrnimmt, ist das Anhalten die Fixation.

Gestaltungsgrundsätze

Regeln hinsichtlich der Verwendung von Kontrast, Proportion, unterschiedlichen Schriftcharakteren, passenden Schriftarten, deutlichen Schriftgrößenunterschieden usw., um Harmonie, Rhythmus und optimale Lesbarkeit zu erzeugen.

Gestaltungsmittel

Schrift, Punkt, Linie, Fläche, Farbe, Weißraum, Kontrast usw.

Goldener Schnitt

Harmonisches Verhältnis von 5 : 8 oder 8 : 13 oder 13 : 21 usw. Die kürzere Strecke verhält sich zur längeren wie die längere zur ganzen ungeteilten Strecke.

Kontrast

Gegensatz. Daraus folgt eine spannungsreiche und wirkungsvolle Gestaltung.

Lesen

Abtasten einzelner Worte mittels Fixationen. Wir erfassen jeweils etwa 10 Zeichen pro Fixation, wobei nur die mittleren scharf gesehen werden.

Modulor	Harmonisches Verhältnis, welches von den Maßen des Menschen abgeleitet ist.
Proportion	Größenverhältnis.
Semantische Typografie	Bedeutungslehre, es wird die Beziehung der Zeichen zu den Abbildern der objektiven Realität und deren Bedeutung im Bewusstsein aufgezeigt.
Typografie	Gestalten von Text, um die bestmögliche Lesbarkeit, Funktionalität und Ästhetik zu erzeugen.
Weißraum	Unbedruckte weiße Fläche innerhalb einer Seite.

1.5.2 Schrift

Akzentbuchstaben	Betonungszeichen, z. B.: Akut á, Gravis à, Zirkumflex â, Cedille ç, Trema ë, Tilde ~, Angström Å.
Ästhetikprogramm	Programm, welches das automatische Unterschneiden von Zeichenpaaren realisiert.
Barock-Antiqua	Schriftgruppe, welche durch schrägen bzw. flachen Dachansatz, flachen Serifenübergang, deutliche Unterschiede bei Grund- und Haarstrichen und die fast senkrechte Symmetrieachse gekennzeichnet ist.
Dickte, Dicke	Breite eines Buchstabenbildes plus die Vor- und Nachbreite, d. h. dem Weißraum vor und nach dem Zeichen.
Displayschriften	Schriften mit einer Schriftgröße von mehr als 48 pt.

Divis, Bindestrich

Waagerechter Strich im Text, wird auch Trennstrich genannt.

Durchschuss

Vertikaler Abstand von Schriftunterkante bis zur nächsten Schriftoberkante.

Einheitensystem

Für die Zurichtung. Ein Geviert wird in kleinere Einheiten aufgeteilt. Beispielsweise wird beim 48-Einheitensystem das Geviert in 48 Teile zerlegt.

Exponenten

Hochzahlen. Hochstehende Zeichen mit vermindertem Schriftgrad, z. B. m²

Gebrochene Schriften

Gotische, Schwabacher oder Frakturschriften.

Gedankenstrich, Halbgeviertstrich

Waagerechter Strich im Text, welcher wesentlich länger als der Bindestrich ist. Vor und nach dem Gedankenstrich wird ein Leerzeichen gesetzt.

Gemeine, Minuskel

Kleinbuchstaben, z. B. xyz.

Geviert

Dickte, die so breit ist wie die Schriftgröße hoch.

Grotesk-Schriften

Serifenlose Linear-Antiqua.

Grundlinie, Schriftlinie

Die Schriftlinie bildet die optische unterste Begrenzungslinie. Auf der Schriftlinie baut sich die Schrift auf.

Grundstrich

Die kräftigen Teile des Schriftzeichens.

Haarlinie

Dünnste mögliche Linie, die ein Ausgabegerät darstellen kann. Die Haarlinie eines Laserbelichters ist im Vergleich zur Haarlinie eines Laserdruckers so dünn, dass sie nicht reproduziert werden kann.

Haarstrich	Die feinen Striche des Schriftzeichens.
Halbgeviert-Ziffern	Jede Ziffer ist gleich breit. Dies ist im normalen Ziffernsatz nicht so.
Indizes (Einzahl: Index)	Tiefstehende Zeichen mit vermindertem Schriftgrad, z. B. O_2.
Interpunktionen	Gliederungszeichen, z. B.: . , ; ? ! : > < „ " –
Kapitälchen	Versalien auf Mittellängenhöhe. Kapitälchen. Eigener Schriftschnitt, vom Schriftkünstler speziell erstellt.
Kerning	Zurichtung der Satzzeichen zueinander durch Dicktenreduzierung.
Kerning-Tabelle	Teil des Ästhetikprogrammes. Es werden die Abstände von Zeichenpaaren zueinander optisch zugerichtet.
Klammern	Beispiele: ( ) Paranthesen, { } Akkoladen, [ ] eckige Klammern
Klassizistische Antiqua	Schriftgruppe, welche durch waagrechten Dachansatz, waagrechte Serifen, sehr deutliche Unterschiede bei Grund- und Haarstrichen und der senkrechten Symmetrieachse gekennzeichnet ist.
Kompress	Zeilenabstand ist so groß wie die Schriftgröße, d. h. kein Durchschuss. Zum Beispiel bei 12 pt Schriftgröße mit 12 pt (4,2 mm) Zeilenabstand.
Konsultationsgröße	Schriftgröße kleiner 8 pt.
Laufweite	Wird durch die Zeichenbreite und deren Abstand zum nächsten Zeichen definiert.

Mediävalziffern

Vertikale Ausdehnung der Ziffern teilweise nur auf Mittellängenhöhe (0, 1, 2), teilweise auf Mittel- und Unterlängenhöhe (3, 4, 5, 7, 9), teilweise wie Normalziffern auf Mittel- und Oberlängenhöhe (6, 8). Mediävalziffern passen optisch gut in den Text.

Mittellänge

x-Höhe. Kleinbuchstabenhöhe ohne Ober- und Unterlänge.

Nachbreite

Weißraum, welcher nach dem jeweiligen Zeichen steht. D. h. es wird dadurch der Abstand zum nachfolgenden Zeichen beeinflusst.

Normalziffer

Vertikale Ausdehnung der Ziffern immer auf Mittel- und Oberlänge.

Oberlänge

Der über die Mittellänge der Buchstaben ragende Teil.

Renaissance-Antiqua

Schriftgruppe, welche durch schrägen Dachansatz, flachen Serifenübergang und der nach links geneigten Symmetrieachse gekennzeichnet ist.

Schaugröße

Schriftgröße größer als 12 pt, bis 48 pt.

Schreibschriften

Schriftgruppe, welche durch geschriebenen Charakter gekennzeichnet ist.

Schriftart

Schrift. Zusammenhängende Gruppe von Schriften (z. B. Times) mit gleichem Charakter.

Schriftcharakter

Eigenart einer Schrift.

Schriftfamilie

Schriftart, welche die verschiedenen Schriftschnitte beinhaltet.

Schriftgrad	Bezeichnung des Maßes der Schriftgröße in Point. Die Schriftgradangabe bezieht sich auf die Vertikale des Vierliniensystems. Die Maße der Schrift sind Dickte, Oberlänge, Mittellänge, Unterlänge.
Schriftgröße	Kegelgröße, Schrifthöhe. Vertikale des Vierliniensystems, also die Ausdehnung des Schriftzeichens von Ober- bis Unterkante des Vierliniensystems.
Schriftschnitt	Variante der Schriftart, z. B. halbfett, kursiv.
Schriftweite	Breite des Buchstabenbildes.
Serife	Schraffen. Die Grundstriche der Buchstaben werden mit so genannten Füßchen abgeschlossen, das sind horizontale Striche an der Unterkante bzw. Oberkante der Buchstaben. Dienen der Führung des Auges auf der Grundlinie.
Serifenlose Linear-Antiqua	Schriftgruppe, ohne Dachansatz, da keine Serifen; Grund- und Haarstriche fast gleich; senkrechte Symmetrieachse.
Signet	Firmenzeichen oder -marke, man unterscheidet in Buchstabensignet, Bildsignet oder Sinnsignet.
Sonderzeichen	Schriftzeichen, die keine Buchstaben oder Zahlen sind, sondern häufig Symbole, zum Beispiel: § $ % ‰ & # @ € © ®
Spationieren, Sperren	Gegenteil von Unterschneidung, d. h. es wird die Nachbreite vergrößert.
Symmetrieachse	Neigung der einzelnen Schriftzeichen innerhalb einer Schrift.

Unterlänge	Der unter die Schriftlinie ragende Teil der Buchstaben.
Unterschneiden	Die Nachbreite wird reduziert, so dass die Zeichen näher zusammenrücken.
Versalhöhe	Erstreckt sich von der Oberkante der Schrift bis zur Schriftlinie.
Versalien, Majuskel	Großbuchstaben, z. B. XYZ.
Vierliniensystem	Die Schriftzeichen erstrecken sich über das Vierliniensystem, d. h. über Oberlänge, Mittellänge, Schriftlinie und Unterlänge.
Vorbreite	Weißraum, welcher vor dem jeweiligen Zeichen steht. D. h. es wird dadurch der Abstand zum vorigen Zeichen beeinflusst.
Zeilenabstand	Vertikaler Abstand von Schriftlinie zu Schriftlinie.

1.5.3 Umbruch

Ausnahmewort-lexikon	Hilfsprogramm, welches sinnentstellte Wörter richtig trennt. Zum Beispiel: Ur-instinkt und nicht Urin-stinkt.
Blocksatz	Satzart. Zeilen sind bis zur linken und rechten Satzkante gefüllt. Dies wird durch Veränderung des Wortabstandes erzeugt.
Figuren-/Formensatz	Satzart, die sich einer Figur bzw. Form anpasst.
Flattersatz	Satzart. Die Zeilen sind unterschiedlich lang, Zeilenumbrüche werden nach Sinnzusammenhang durchgeführt, Trennungen werden möglichst vermieden. Es gibt

links- oder rechtsbündigen Flattersatz. Der Flatterbereich ist deutlich.

Freier Zeilenfall

Zeilenfall, der weder an der linken noch an der rechten Satzkante bündig ist.

Hurenkind

Text-Ausgangzeile am Anfang einer Spalte oder Seite.

Rausatz

Satzart zwischen Blocksatz und Flattersatz. Der Text ist links- oder rechtsbündig, wobei der Flatterbereich gegenüber dem Flattersatz wesentlich kleiner ist. Trennungen sind häufig und zum Teil sehr unschön und teilweise sinnentstellend.

Satzart

Ausrichtung des Textes. Satzarten sind:
- Flattersatz: rechtsbündiger oder linksbündiger
- Rausatz: rechtsbündiger oder linksbündiger
- zentrierter Satz (Mittelachsensatz)
- Blocksatz
- Figurensatz
- Freier Zeilenfall
- Formensatz
- Gedichtsatz

Schusterjunge

Text-Anfangzeile am Ende einer Spalte oder Seite.

Silbentrenn- programm

Programm, das automatisch die Silbentrennung durchführt. Es trennt nach den Trennregeln der amtlichen Rechtschreibung und nach dem Ausnahmewortlexikon.

Trennfuge, weiche Trennung

Nach Ändern des Textes wird die Tennung automatisch beseitigt, ohne dass das Divis (der Bindestrich) stehen bleibt.

Umbruch Seitenumbruch. Composing von Texten, Bildern, Grafiken.

Zentrierter Satz Satzart. Die Zeilen stehen auf Mittelachse.

1.6 Screendesign

Anti-Aliasing Glättung von Bildschirmschriften durch Hinzufügen von zusätzlichen Grau- oder Farbstufenpixeln.

Banner, Werbe-banner Meist am oberen Bildschirmrand auftretende Werbeflächen, die oft nicht im direkten Zusammenhang mit der eigentlichen Internetseite stehen. Siehe auch 7.1

Benutzerführung Sinnvolle Anordnung von gestalterischen Elementen, um den Nutzer der Internetseite eine möglichst einfache Navigation zu ermöglichen.

Bildauflösung Für Bildschirmdarstellung: 72 ppi – 108 ppi.

Bildschirmschriften Schriften, die sich besonders für die Bildschirmdarstellung eignen, meist serifenlose Schriften wie Arial, Helvetica, Tahoma, Verdana.

Browser Software zur Darstellung von HTML-Dokumenten. Siehe auch 7.1

CMYK-Modus Bildmodus in den vier Grundfarben des Drucks, nicht für die Internetdarstellung geeignet.

Farbtiefe Anzahl der Bits, die für die Speicherung einer Farbinformation verwendet werden, je höher desto größer ist die Anzahl der darstellbaren Zwischenstufen.

Indizierte Farben Farbauswahl in einer Farbpalette mit bis zu 256 Farben, insbesondere für Grafiken im GIF-Format.

Internet-Site Mehrere in einem logischen Zusammenhang stehenden Internetseiten.

Ladezeiten Zeit, die der Browser benötigt, um Daten von einem Server zu laden und darzustellen.

Link Verknüpfung oder Verweis auf eine andere Internetseite oder andere Position in der gleichen Internetseite. Siehe auch 7.1

Piktogramm Vereinfachtes Bildsymbol für einen Hinweis z. B. Pfeil nach links für den Zurück-Button.

Pulldown-Menü Ausklappmenü, sinnvoll bei langen Menüeinträgen und Menülisten.

RGB-Modus Bildmodus in den drei Grundfarben des Lichts, geeignet für die Bildschirmdarstellung.

Screendesign Gestaltung der Bildschirmdarstellung.

Screenfonts Speziell für die Bildschirmdarstellung entwickelte Schriften.

Serifenlose Schriften Schriften ohne Endstriche an den oberen und unteren Zeichenenden, man bezeichnet sie auch als Grotesk-Schriften, z. B. Arial und Verdana. Für Bildschirmdarstellung gut geeignet.

Serifenschriften Schriften mit Endstrichen an den oberen und unteren Zeichenenden, z. B. Times. Für die Bildschirmdarstellung weniger geeignet.

Thumbnails

Verkleinerte Darstellung eines Bildes in „Daumennagelgröße", ergibt kürzere Ladezeiten einer Internetseite. Siehe auch 7.1

Touch-Screen

Bildschirm mit berührungssensitiver Oberfläche.

Verlustbehaftete Bildkomprimierung

Bei der Datenkompression werden Bildinformationen entfernt, z. B. im JPEG-Format.

Verlustfreie Bildkomprimierung

Bei der Datenkompression werden keine Bildinformationen entfernt, sondern lediglich nach einem rechnerischen Algorithmus Daten komprimiert; z. B. im GIF und PNG-Format.

Web-Palette

Farbpalette mit 216 Farben, system- und plattformübergreifend identisch auf dem Monitor darstellbar, für RGB jeweils in den Stufen:

- dezimal 0, 51, 102, 153, 204, 255
- hexadezimal 00, 33, 66, 99, CC, FF

2 Physikalische Grundlagen

2.1 Optik

Absorption	Umwandlung eingestrahlten Lichts in eine andere Energieform, z. B. Wärme.
Beleuchtungsstärke, E	Lichtenergie, die auf eine Fläche auftrifft.
Belichtung, H	Über die Zeit einwirkende Beleuchtungsstärke, $H = E \cdot t$.
Beugung, Diffraktion	Ablenkung der Lichtwellen an einem optischen Hindernis.
Bildweite	Abstand der Abbildung zur optischen Mitte eines Objektivs.
Bildwinkel	Winkel unter dem eine Kamera das Motiv sieht.
Blende	Objektivöffnung.
Blendenzahl	Maß für die Größe der Blendenöffnung.
Brechung, Refraktion	Ablenkung der Lichtstrahlen beim Übergang zwischen Medien unterschiedlicher optischer Dichten.
Brennpunkt	Punkt auf der optischen Achse in dem sich alle Brennpunktstrahlen treffen.
Brennweite	Abstand vom Brennpunkt zur optischen Mitte eines optischen Systems.
Dispersion	Unterschiedliche Brechung der Farben, bedingt durch die unterschiedlichen Wellenlängen.

Emission	Ausstrahlen von Licht.
Frequenz	Anzahl der Schwingungen pro Sekunde.
Gegenstandsweite	Abstand des Aufnahmegegenstands zur optischen Mitte eines Objektivs.
Geometrische Optik	Licht wird in der geometrischen Optik als sich geradlinig ausbreitende Strahlen verstanden.
Interferenz	Überlagerung von Wellen.
Konkav	Linsenform einer Zerstreuungslinse, dünn in der optischen Achse.
Konvex	Linsenform einer Sammellinse, dick in der optischen Achse.
Licht	Elektromagnetische Stahlung.
Lichtgeschwindigkeit	Im Vakuum 299 792,458 km/s, also rund 300 000 km/s.
Lichtstärke	Emittierte Lichtintensität einer Lichtquelle in einem Meter Entfernung.
Lichtstrom	Emittiertes Licht einer Lichtquelle.
Linseneigenschaften	Beschreibt die streuende oder sammelnde Wirkung einer Linse, bestimmt durch Linsenform und -material.
Linsenform	Geometrische Form des Linsenkörpers.
Objektiv	Kombination mehrerer Linsen zu einem optischen System.
Optik	Lehre vom Licht.
Optische Achse	Waagerechte Bezugsebene eines optischen Systems.

Optische Mitte	Senkrechte Bezugsebene eines optischen Systems.
Phase	Sich wiederholendes Wellenbild.
Polarisation	Ausrichten der Ausbreitung in eine Schwingungsebene.
Reflexion	Gerichtetes Zurückstrahlen von Licht.
Remission	Ungerichtetes Zurückstrahlen von Licht.
Schärfentiefe	Scharfer Bereich in der abgebildeten Raumtiefe eines Bildes.
Sichtbares Licht, sichtbares Spektrum	Elektromagnetische Strahlung mit Wellenlängen zwischen 380 nm und 760 nm.
Spektrum	Wellenband der elektromagnetischen Strahlung.
Strahlengang	Geradlinige Ausbreitung der Strahlen in der geometrischen Optik.
Totalreflexion	Reflexion an der Grenzfläche zweier optischen Medien, der Lichtstrahl bleibt in seinem Medium.
Transmission	Durchgang von Strahlung durch ein optisches Medium, z. B. Glas.
Wellenlänge	Abstand zweier Orte gleicher Phase.

2.2 Densitometrie

Absorptionsgrad, A	Maß für die Strahlungsundurchlässigkeit eines optischen Mediums, Quotient aus der auftreffenden Lichtintensität, I_0, und der remittierten Lichtintensität, I_1; $A = I_0/I_1$; Berechnung des Absorptionsgrads aus der Dichte: $A = 10^D$

Auflichtmessung, Aufsichtmessung	Densitometrische Messung einer lichtundurchlässigen Probe, z. B. Druck oder Fotografie, mit dem Auflichtdensitometer.
Densitometer	Gerät zur Messung der optischen Dichte.
Densitometrie	Dichtemessung.
Dichte, D	Logarithmus der Opazität, $D = \log O$.
Durchlichtmessung, Durchsichtmessung	Densitometrische Messung einer lichtdurchlässigen Probe, z. B. Dia, mit dem Durchlichtdensitometer.
Halbtondichtemessung	Densitometrische Messung von Halbtönen, z. B. Dia.
Integrale Dichtemessung, Rasterdichtemessung	Messung von Rastertonwerten durch Mittelwertbildung.
Kalibrieren	Abstimmen eines Gerätes auf definierte Grundeinstellungen oder Prozessparameter, z. B. Papierweiß.
Logarithmus	Exponent zur Basis Zehn.
Messgeometrie	Winkel der einfallenden und zurückgestrahlten Lichtstrahlen zur Senkrechten.
Opazität, O	Lichtundurchlässigkeit, Quotient aus der auftreffenden Lichtintensität I_0, und der transmittierten Lichtintensität I_1; $O = I_0/I_1$; Berechnung der Opazität aus der Dichte: $O = 10^D$
Remission	Remissionswerte geben Auskunft über die spektrale Zusammensetzung einer Körperfarbe.

Remissionsgrad, R	Maß für die Größe der remittierten Strahlung, $R = I_1/I_0$, $R = \frac{1}{T}$
Transmissionsgrad, T	Maß für die Strahlungsdurchlässigkeit, $T = I_1/I_0$, $T = \frac{1}{R}$
Transparenz	Lichtdurchlässigkeit, Quotient aus der transmittierten bzw. remittierten und der emittierten Lichtintensität.

2.3 Farbenlehre

Additive Farbmischung	Bei der additiven Farbmischung mischen sich die drei Lichtgrundfarben Rot, Grün und Blau.
Autotypische Farbmischung	Als autotypische Farbmischung bezeichnet man die Art und Weise, wie beim Drucken gerasterter farbiger Bilder der Farbeindruck entsteht.
Browserunabhängige Farben	Browserunabhängige Farben sind die 216 Farben der Web-Palette.
CMY	Cyan, Magenta, Yellow (Gelb), die Grundfarben der subtraktiven Farbmischung.
CMYK	Mit CMYK werden die vier Prozessfarben des 4c-Mehrfarbendrucks, Cyan, Magenta, Yellow, Key oder BlacK bezeichnet.
Farbauswahlsystem	Aus den Farben eines Bildes werden bestimmte Farben ausgewählt und in eine Farbpalette/Farbtabelle übertragen.
Farbkreis	Im sechsteiligen Farbkreis sind die drei Grundfarben der additiven Farbmischung (RGB) und die drei Grundfarben der subtraktiven Farbmischung (CMY) immer

abwechselnd, entsprechend den Farbmischgesetzen, angeordnet.

Farbmaßsystem

Farbmaßsysteme basieren auf der valenzmetrischen Messung von Farben. Beispiele sind das CIE-Normvalenzsystem und das CIE L*a*b*-System.

Farbmischsystem

Farbmischsysteme orientieren sich an herstellungstechnischen Kriterien. Beispiele: Das RGB-System und das CMYK-System.

Indizierte Farben

Farbauswahl, geordnet in einer Farbpalette.

Komplementärfarben

Komplementärfarben sind Farbenpaare, die sich in einer Mischung zu Unbunt ergänzen.

Körperfarbe

Farbe eines nicht selbst leuchtenden Körpers oder einer nicht selbst leuchtenden Oberfläche.

RGB

Rot, Grün und Blau sind die Primärfarben des vom menschlichen Auge wahrgenommenen Lichts. Sie sind die Grundfarben der additiven Farbmischung.

Prozessfarben vieler Digitalkameras und Scanner, Monitorfarben.

Subtraktive Farbmischung

Körperfarbmischung; einzelne Frequenzbereiche (Farben) werden aus dem gesamten Spektrum des sichtbaren Lichts herausgefiltert.

Web-Palette

Die Web-Palette umfasst die 216 Farben, die der Win- und der Mac-Systempalette gemeinsam sind. Netscape Communicator und der Microsoft Internet Explorer unterstützen diese Palette.

2.4 Farbmetrik

Buntheit
Die Buntheit kennzeichnet den Grad der Farbigkeit unter Berücksichtigung der Helligkeit. Die helligkeitsunabhängige Farbigkeit heißt Sättigung.

Buntton, Farbton
Der Buntton ist mit dem Begriff Farbton identisch. Buntton wird in der offiziellen deutschen Farbmetrik-Terminologie dem Begriff Farbton vorgezogen.

CIE
Die Commission Internationale de l'Eclairage, abgekürzt CIE, ist die internationale Beleuchtungskommission. Sie hat eine Reihe von allgemein verwendeten Farbdefinitionen erarbeitet und festgelegt.

CIE L*a*b*-Farbraum
Von der Commission Internationale de l'Eclairage 1976 festgelegter Farbraum, der besonders für die Bewertung von Farbunterschieden (delta-E-Werte) geeignet ist und im Rahmen des Color Managements als geräteunabhängiger Umrechnungs- und medienneutraler Basisfarbraum verwendet wird.

CIE Normvalenzsystem
Das CIE Normvalenzsystem wurde als eine der ersten internationalen Normen 1931 von der CIE eingeführt. Das System basiert auf der Definition der Farbe als Gesichtssinn.

CLUT
Color Look-up Table, Farbwertetabelle.

Emissionskurven
Grafische Darstellung der spektralen Emissionswerte einer Lichtfarbe.

Farbabstand
Distanz zwischen zwei Farborten in einem visuell gleichabständigen Farbraum, z. B. CIE L*a*b*-Farbraum.

Farbart
Oberbegriff für Buntton und Sättigung. Farben, die sich nur durch die Helligkeit unterscheiden, besitzen die gleiche Farbart.

Farbmaßsystem
Farbmaßsysteme basieren auf der valenzmetrischen Messung von Farben. Beispiele sind das CIE-Normvalenzsystem und das CIE-L*a*b*-System.

Farbmetrik
System zur messtechnischen Erfassung von Farbeindrücken.

Farbraum, Gamut
Dreidimensionale Darstellung aller in einem Farbsystem darstellbaren Farben.

Farbreiz
Elektromagnetische Strahlung, die durch Reizung der Netzhaut eine Farbwahrnehmung hervorrufen kann.

Farbreizfunktion
Die Farbreizfunktion beschreibt die spektrale Beschaffenheit eines Farbreizes quantitativ.

Farbsehen
Das Farbsehen des Menschen funktioniert mit rot-, grün- und blauempfindlichen Sinneszellen. Treffen beispielsweise rote und grüne Lichtstrahlen auf die entsprechenden Empfangszellen des Auges, so ergibt dies die Mischfarbe Gelb. Werden alle drei Farbempfänger erregt, dann sieht das Auge Weiß.

Farbtafel
Zweidimensionale grafische Darstellung von Buntton und Sättigung unter Vernachlässigung der Helligkeit.

Farbtemperatur
Maß für die spektrale Emission einer Lichtquelle.

Farbvalenz	Die Farbvalenz ist die Bewertung eines Farbreizes durch die drei Empfindlichkeitsfunktionen des Auges. Die Farbmaßzahlen X, Y und Z dienen zur eindeutigen Kennzeichnung einer Farbvalenz.
Helligkeit	Die Helligkeit kennzeichnet die Stärke einer Lichtempfindung oder die Stärke der Lichtreflexion einer Körperfarbe.
L*a*b*	Es bedeuten L* Helligkeit, a* Rot-Grün-Farbinformation und b* Gelb-Blau-Farbinformation.
Licht	Sichtbare elektromagnetische Strahlung (Wellenlängenbereich: ca. 380–760 nm).
Lichtart	Bezeichnung für Licht, dessen Strahlungsfunktion definiert ist.
Metamerie	Bedingte Gleichheit von Farben; zwei Farben erscheinen nur unter einer bestimmten Lichtart visuell gleich und unterscheiden sich ansonsten aufgrund ihrer spektralen Eigenschaften (z. B. die verwendeten Pigmente und Farbstoffe) bei jeder anderen Beleuchtung.
Metamerie-Index	Der Metamerie-Index ist der *Delta-E-Wert* im CIE-L*a*b*-System unter jeweils zwei Lichtarten.
Normfarbwertanteile	Anteile von Rot (x), Grün (y) und Blau (z) einer Farbe, die ihren Farbort im Normvalenzsystem bestimmen.
Remissionskurven	Grafische Darstellung der spektralen Remissionswerte einer Körperfarbe.

Sättigung	Farbkraft, Entfernung von der Unbuntachse (CIELAB) oder der Außenlinie (Normvalenzsystem) des Farbkörpers.
Schuhsohle	Umgangssprachlich für die Farbtafel des Normvalenzsystems.
Spektralfarben	Farben, die mit einer eigenen Wellenlänge im Spektrum vertreten sind.
Spektralfotometer	Gerät zur Messung der farbmetrischen Kenngrößen.
Spektrum	Wellenband der elektromagnetischen Strahlung.
Unbuntachse	Senkrechte Achse in der Mitte des Farbraums in der alle unbunten Farben von Weiß bis Schwarz angesiedelt sind.
Unbuntpunkt	Punkt auf der Unbuntachse bei einer bestimmten Helligkeit.

2.5 Akustik und Sound

A/D Converter, ADC	Analog-Digital-Converter, Bestandteil einer Soundkarte, wandelt analoge Signale in Binärsignale um.
Abtastfrequenz	Anzahl der Abtastwerte pro Sekunde, Angabe in kHz.
Abtasttheorem	Bei der Analog-Digitalumwandlung muss die Abtastfrequenz mindestens doppelt so hoch sein wie die maximale analoge Signalfrequenz (nach Shannon).
AIFF	Audio Interchange File Format. Sounddateiformat aus dem Mac-Bereich, unkomprimiert.

Amplitude	Maßangabe für die Tonstärke (Lautstärke).
Amplituden-Zeit-Diagramm	Grafische Darstellung eines zeitlichen Tonverlaufes.
Audio-CODEC, CODEC	Kompressions- und Dekompressionsalgorithmen zur Speicherung, Wiedergabe und Bearbeitung von Sound. Bestandteil des erweiterten Betriebssystems.
Auflösung	Anzahl der Stufen bei der Soundaufnahme, Angabe in Bit z. B. 16 Bit = 65.536 Stufen.
Clipping	Der Spitzenwert des Audiosignals überschreitet den Quantisierungsbereich, es gehen dadurch Signalinformationen verloren, die nicht mehr exakt rekonstuiert werden können.
Compressor	Hebt die leisen Töne an und reduziert die lauten Töne, es ensteht dadurch ein Verdichtungseffekt.
D/A Converter, DAC	Digital-Audio-Converter. Bestandteil einer Soundkarte, wandelt digitale Daten in analoge Ströme um.
dB(A)	Bewerteter Schallpegel nach Frequenzbewertungsstufe A, er entspricht am ehesten dem menschlichen Lautstärkeempfinden. Angabe in Dezibel.
DSP	Digitaler Signalprozessor, Hauptbestandteil einer Soundkarte, er entlastet die CPU bei der Bearbeitung von Sound.
Dynamik	Kennwert für den Verlauf der Lautstärke.

Dynamisches Mikrofon	Elektroakustischer Wandler, bestehend aus Spule und Magnet, der mechanische Schwingungen (Luftschwingungen) in elektrische Schwingungen umwandelt.
Fade-in/Fade-out	Ein- und Ausblenden von Sound.
Frequenz	Anzahl der Schwingungen pro Sekunde.
Geräusch	Frequenzgemisch bestehend aus einer Vielzahl unterschiedlicher Einzeltöne.
Harddiskrecording	Speicherung digitalisierter Audiosignale mittels Computer.
Hörbereich	20 Hz bis 20 kHz.
Infraschall	Frequenzbereich unter 16 Hz.
Kammerton	Festlegegung nach ISO 16: Kammerton a' = 440 Hz bei 20 °C.
Klangspektrum, Klangfarbe	Setzt sich aus einem Grundton und den zugehörigen Obertönen zusammen.
Lautsprecher	Elektroakustischer Wandler, der elektrische Schwingungen in mechanische Schwingungen (Luftschwingungen) umwandelt.
Lautstärkepegel	Angabe in Phon, Maß für die physiologische Schallempfindung hinsichtlich der Lautstärke.
Line-In	Analoger Eingang einer Soundkarte.
Line-Out	Analoger Ausgang einer Soundkarte.
MIDI	Musical Instrument Digital Interface, Schnittstelle für Ton- und Musikein- und ausgabe. Protokoll zur Aufnahme und Wiedergabe von Musik auf digitalen Synthesizern, die von der Soundkarte unterstützt werden.

Monitorlautsprecher	Lautsprecher zur möglichst orginalgetreuen Wiedergabe von Sound bei der Aufnahme.
MP3	MPEG Audio Layer III. Sounddateiformat mit hoher Kompression bei relativ hoher Wiedergabequalität, für die Verbreitung im Internet geeignet.
MPEG-Audio	MPEG = Moving Picture Expert Group. Audioformat für DVD.
Muting	Stummschaltung.
ObertöneDas	Das ganzzahlige Vielfache eines Grundtones.
PCM	Puls Code Modulation, Umsetzung einer Analogspannung in ein Binärsignal.
Pitch	Tonhöhe.
Poppschutz	Schutzmembran für Studiomikrofone zur Vermeidung von tieffrequenter Geräuschbildung bei Konsonanten wie „p" und „t".
RealAudio	Audio Format der Fa. Real, hauptsächlicher Anwendungsbereich im Internet.
Richtcharakteristik	Angabe, aus welchen Raumbereichen und Abständen ein Mikrofon in der Lage ist, Töne aufzunehmen.
Sample and Hold	Zuordnung eines analogen Tonsignals (= Sample) zu einem digitalen Wert (= Hold).
Sampling	Abtastvorgang, bei dem einem analgogen Signal ein digitaler Wert zugeordnet wird.
Samplingrate	Abtastfrequenz, Anzahl der Abtastungen pro Zeiteinheit.

Schall

In zeitlicher, periodischer Abfolge sich verdichtende bzw. verdünnende Luftmoleküle.

Schallverarbeitung

Entstehung eines Sinneseindrucks durch Verarbeitung der Schallwellen durch das menschliche Ohr und Interpretation der Nervenimpulse im Gehirn.

Schallwelle

Sich im Raum ausbreitende mechanische Schwingung der Luftmoleküle.

Shannon

Mathematiker, Entwickler des nach ihm benannten Abtasttheorems.

Sinusschwingung

Amplituden-Zeitverlauf eines Tons entsprechend der Sinuskurvenfunktion.

Sinuston

Ton bestehend aus nur einer Grundschwingung (Grundton).

Sound

(engl.) Klang, Geräusch.

Soundkarte

Bestandteil eines Multimediacomputers zur Ein- und Ausgabe von Sound.

Statisches Mikrofon

Kondensatormikrofon mit eingebauter Spannungsquelle oder externer Phantomspannung.

Subwoofer

Lautsprecher nur zur Wiedergabe von tiefen Tönen.

Tonfrequenz

Anzahl der Schwingungen pro Sekunde = Tonhöhe, Angabe in Hz (Hertz).

Tonstudio

Aufnahme- und Bearbeitungsort für Töne, wird unterteilt in einen schalldichten Aufnahmeraum und einen davon getrennten Bearbeitungsraum.

Ultraschall   Frequenzbereich über 20 kHz.

WAV(E)   Windows Audio-Format. Sounddateiformat im PC-Bereich, normalerweise unkomprimiert. Der Begriff kommt von der Darstellung eines Tones als Welle = WAVE.

3 Informatik –
Hard- und Softwaretechnik

3.1 Grundlagen

ANSI
American National Standards Institute. Zusammenschluss von amerikanischen Organisationen, die Standards festlegen oder Empfehlungen aussprechen, die in vielen Fällen als IEEE-Standard verabschiedet werden.

ANSI-Code
American National Standard Institute Code, 8-Bit Code zur Darstellung von 256 Zeichen.

ASCII-Code
American Standard Code for Information Interchange, ursprünglich ein 7-Bit Code zur Darstellung von 128 Zeichen.

Betriebssystem
Bezeichnung für alle Programme, die die Maschinenwelt an die Benutzerbedürfnisse anpassen, die Daten und Programme verwalten und geregelt nebeneinander ablaufen lassen, die Betriebsmittel effizient ausnutzen und verwalten sowie Unterstützung bei Fehlern und Ausfällen ermöglichen.

Binärsystem, Dualsystem
Zahlensystem auf der Basis 2, es werden die Ziffern 1 und 0 verwendet.

Binärzeichen
Das Binärzeichen nimmt einen von zwei möglichen Zuständen an. Diese werden in der Regel als 1 und 0 bzw. H (high) und L (low) bezeichnet.

BIOS	Basic Input Output System, befindet sich im ROM-Speicher und dient zum Systemstart des Rechners sowie prinzipieller Grundeinstellungen eines PCs.
Bit	Binary Digit, zweiwertige Ziffer, 1024 Bit = 1 Kbit, 1024 Kbit = 1 Mbit, 1024 Mbit = 1 Gbit. Abweichend von der DIN 1301-1 (Vorsätze für Einheiten) wird im EDV-Bereich für M (Mega) der Wert 1024 × 1024 verwendet statt 10^6. Die nächst höheren Vorzeichen sind G (Giga) = 10^9 T (Tera) = 10^{12} und P (Peta) = 10^{15}, wobei in vielen Fällen auch ab G mit dem Faktor 1024 gerechnet wird.
Booten	Laden des Betriebssystems.
Bussystem	Leitungen zum Transport der Daten.
Byte	Computerwort, das aus einer Folge von 8 Bit besteht und die kleinste adressierbare Speichereinheit üblicher Rechner darstellt. 1024 Byte = 1 KB, 1024 KB = 1 MB, 1024 MB = 1 GB, 1024 GB = 1 TB (Terabyte); siehe hierzu auch unter Bit.
Cache-Speicher	Sehr schneller RAM-Speicher, der als Puffer zwischen Hauptspeicher und dem Prozessor liegt.
CISC-Prozessor	Complexed Instruction Set Computing, Prozessor mit komplexem Befehlsumfang.
CPU, Zentraleinheit	Central Processing Unit, umgangssprachlich wird auch der Prozessor eines PCs als CPU bezeichnet.

Datenträger
Medien zur reversiblen bzw. irreversiblen Speicherung digitaler Daten. Die Unterteilung erfolgt in magnetische Speicher wie z. B. Diskette, Magnetband, DAT (Digital Audio Tape), Festplatte (Harddisk) und optische Speicher wie CD, CD-ROM, CD-RW und DVD.

DAU
Dümmster Anzunehmender User. Anwender der voraussichtlich am schlechtesten mit einem Computer oder einem Programm zu Recht kommt.

DMA
Direct Memory Access, Direkter Speicherzugriff, Datentransport von einem Peripheriegerät zu einem anderen unter Umgehung des Prozessors.

erweiterter ASCII-Code
Der erweiterte ASCII-Code verwendet 8-Bit = 256 Zeichen zur Dastellung.

EVA-Prinzip
Eingabe, Verarbeitung, Ausgabe. Logisches Arbeitsprinzip eines Computers.

Firewire IEE1394
Serielles Bussystem mit Übertragungsleistungen bis zu 400 Mbit/Sekunde.

Hardware
Materieller Teil des Rechners.

Hexadezimalsystem, Sedezimalsystem
Zahlensystem auf der Basis 16. Es werden die Ziffern 0 bis 9 und die Zeichen A, B, C, D, E und F verwendet.

Hot-plugging
Ein- und Ausstecken eines Peripheriegerätes im laufenden Betrieb z. B. bei USB oder Firewire.

IEEE
Institute of Electrical and Electronic Engineers, Konsortium von amerikanischen Firmen, die Standards festlegen.

Interface	Schnittstelle.
ISO	International Standard Organisation. Internationaler Ausschuss, der von der UNESCO eingerichtet wurde und Normen festlegt sowie Empfehlungen ausspricht.
Mikroprozessor	In einem integriertem Baustein untergebrachter Prozessor bestehend aus Steuerwerk, Rechenwerk und Speicherwerk.
Multiprocessing	Gleichzeitige Verwendung mehrerer Prozessoren durch ein Betriebssystem.
Multitasking	Das Betriebssystem ermöglicht es dem Anwender mit mehreren Programmen gleichzeitig zu arbeiten.
Multithreading	Verschiedene Aufgaben innerhalb eines Programms können gleichzeitig durchgeführt werden.
Nibble	Halbbyte, 4 Bit.
Oktalsystem	Zahlensystem auf der Basis 8, es werden die Ziffern 0 bis 7 verwendet.
PCI-Bus	Peripheral Computer Interconnector Bus, weit verbreiter, standardisierter Bus bei PCs zur Verbindung der CPU mit entsprechenden Peripheriekarten oder anderen peripheren Bussystemen.
Pegelzuordnung	Einem bestimmten Stromspannungszustand wird per Definition logisch 1 = wahr oder logisch 0 = unwahr zugeordnet.
Peripheriegeräte	An den Computer anschließbare Geräte wie z. B. Maus, Tastatur, Bildschirm und Drucker.

Quell-Code (Source-Code)	Mit den Anweisungen einer Programmiersprache formuliertes Programm, das als Textdatei vorliegt. In dieser Form ist das Programm nicht lauffähig und muss erst mit einem Compiler in ein ausführbares Programm umgewandelt werden.
RAM	Random Acess Memory, Schreib-Lese-Speicher, Arbeitsspeicher.
Rauschabstand	Definierter Stromspannungsbereich, dem sich kein binärer Wert (0 oder 1) zuordnen lässt.
RISC-Prozessor	Reduced Instruction Set Computing, Prozessor mit verringertem Befehlsumfang.
ROM	Read Only Memory, Nur-Lese-Speicher.
SCSI	Small Computer System Interface, parallele Schnittstelle, je nach SCSI-Variante sind bis zu 16 Geräte anschließbar.
Singletasking	Das Betriebssystem ermöglicht es dem Anwender nur mit einem Programmen gleichzeitig zu arbeiten.
Software	Gesamtheit aller Programme, die im Gegensatz zur Hardware nur immateriell vorhanden sind.
Taktfrequenz	Anzahl der binären Schaltzustände in einer Sekunde, Angabe in Megahertz.
Taskswitching	Das Betriebssystem ermöglicht es dem Anwender zwischen mehreren geöffneten Programmen hin- und herzuschalten, es kann jedoch immer nur im aktuell geöffneten Programm gearbeitet werden.

Terminierung	Abschlusswiderstand, z. B. am SCSI-Bus oder in einem Netzwerk.
Treiber	Software, die es einem Anwendungsprogramm erlaubt, auf Peripheriegeräte zuzugreifen ohne dass es die technischen Details des Peripheriegeräts kennt.
UNICODE	Universal Multiple Octet Coded Character Set, 16-Bit Code zur Darstellung von bis zu 65 000 Zeichen.
Ur-Ladeprogramm	Programm, das den Systemstart eines Rechners ermöglicht. Es befindet sich in einem Teil des ROM-Speichers.
USB	Universal Serial Bus, serielles Bussystem, hot-plugging-fähig, bis zu 127 Geräte an einem USB-Controller betreibbar.
Wait-State	Wartezyklus.

3.2 Netzwerke

1000BaseT	Gigabit Ethernet mit Twisted-Pair-Kabel, 100 m nutzbare Kabellänge, 1 Gbit/s Übertragungsrate.
100BaseTx	Ethernet mit Twisted-Pair-Kabel, 100 m nutzbare Kabellänge, 100 Mbit/s Übertragungsrate.
10Base2	Ethernet mit Thinnet-Koaxialkabel, 185 m nutzbare Kabellänge, 10 Mbit/s Übertragungsrate.
10Base5	Ehternet mit Thicknet-Koaxialkabel, 500 m nutzbare Kabellänge, max. 10 Mbit/s Übertragungsrate.

10BaseF/100BaseFx   Ethernet mit Glasfaserkabel, 10 Mbit/s bzw. 100 Mbit/s Übertragungsrate, die maximale Kabellänge liegt je nach Ausführung zwischen 500 m und 2000 m.

10BaseT   Ethernet Twisted-Pair-Kabel, 100 m nutzbare Kabellänge, 10 Mbit/s Übertragungsrate.

802-Modell   Netzwerkmodell, das vom OSI-Referenzmodell abweicht und unter IEEE 802 normiert ist, es gilt mittlerweile als verbesserter Standard des OSI-Modells.

ADSL   Asymetric Digital Subscriber Line, digitale Datenübertragungstechnik über normales Telefonnetz mit bis zu 9 Mbit/s im Download und 768 Kbit/s im Upload.

AppleTalk   Netzwerkarchitektur der Fa. Apple, in der Ausführung EtherTalk vergleichbar mit Ethernet, jedoch wird als Zugriffsverfahren CSMA/CA (CA= Collision Avoid) verwendet.

ATM   Asynchronous Tranfer Mode, extrem schnelles Datenübertragungsverfahren in WAN oder GAN.

Backbone   Hauptstrang eines Netzwerks mit besonders hoher Übertragungsrate (mindestens zwei Mbit/s).

Bit/s   Bit pro Sekunde (auch: bps); Einheit, in der die Datenübertragungsgeschwindigkeit bei der Datenfernübertragung gemessen wird; 1 Kbit/s (1 Kbps) = 1024 Bit/s (1024 bps), abweichend wird bei der Angabe kbit/s von 1000 Bit/s ausgegangen, da das Vorzeichen k (Kilo) gemäß DIN 1301-1 (Vorsätze von Einheiten) für 10^3 steht.

BNC

British Naval Connector oder Bayonet Naur Connector, Steckverbindungsart für Koaxialkabel, es gibt Stecker, Kupplungsstecker und T-Verbindungsstecker.

Bridge

Verbindet Netzwerke, die unterschiedliche Zugriffsverfahren verwenden.

Bus-Topologie

Alle Rechner einschl. Server sind an einer zentralen Leitung (Koaxialkabel) angeschlossen.

Client-Server-Netz

Netzwerk bestehend aus

- einem Server (engl. Diener), der übergeordnete Funktionen wie Fileserving oder Printserving übernimmt und
- mehreren mit ihm verbundender Clients (engl. Kunden).

CSMA/CD

Zugriffsverfahren im Ethernet, Carrier Sense, Multiple Access, Collision Detection.

Data-Sharing

Verwendung eines gemeinsamen Datenbestands innerhalb eines Netzwerks.

Ethernet

Netzwerktechnologie für LAN unter IEEE 802.3 standardisiert; Topologie: Bus oder Stern, Zugriffsverfahren: CSMA/CD, Übertragungsraten: 10 bis 100 Mbit/s, Medien: RG58, STP oder LWL.

FastEthernet

Ethernet mit Übtragungsleistungen ab 100 Mbit/s.

FDDI

Fiber Distributed Data Interface. Netzwerktechnologie für Hochgeschwindigkeitsnetze auf Glasfaserkabelbasis, als Zugriffsverfahren wird ein modifiziertes Token Pasing verwendet.

File-Sharing
Verwendung eines gemeinsamen Dateienbestands innerhalb eines Netzwerks.

Firewall
Soft- oder Hardware, die ein Netzwerk vor unberechtigten Fremdeinwirkungen schützt.

GAN
Global Area Network, weltumspannendes Netzwerk.

Gateway
Kann Netze untereinander verbinden, die unterschiedliche Zugriffsverfahren und Protokolle verwenden.

Glasfaserkabel, Fiber-Optic-Cable, LWL
Lichtwellenleiter (LWL), bestehend aus mehreren ca. 0,1 mm dünnen Glasfasern, die wiederum von einem Glasmantel mit einem anderen Brechungsindex umhüllt sind. Der gesamte LWL ist mit einer außenliegenden Kunststoffschicht ummantelt. LWL eignen sich für hohe Übertragungsleistungen und Entfernungen bis zu 50 km.

Host
Zentraler Dienstleistungsrechner zur Unterstützung von direkt angeschlossenen Rechnern.

Hub
Sternverteiler innerhalb eines Sternnetzes.

IEEE
Institute of Electrical and Electronics Engineers, Amerikanischer Fachverband für Standardisierung und Normierung.

IP
Internet Protocol, legt das Adressierungsschema von Internetadressen fest.

ISDN
Integrated Services Digital Network, digitale Telefon- und Datenübertragungstechnik mit bis zu 64 kBit/s pro Kanal.

Kategorie 1–5 Kabel	Einteilung der Twisted-Pair-Kabel in 5 verschiedene Qualitätsklassen. Je höher die Kategorie desto aufwändiger ist die Abschirmung und desto größer ist die Datenübertragungsleistung.
Klassifikation	Einteilung der Netzwerke in LAN, WAN, MAN, GAN.
Koaxialkabel	Netzwerkkabel bestehend aus einer innen liegenden Kupferader, gefolgt von einer Isolationsschicht, die mit einem Metallschirm ummantelt ist, Einsatz hauptsächlich in Busnetzen.
LAN	Local Area Network, lokales Netzwerk.
Lichtwellenleiter, LWL	Glasfaserkabel.
Logische Topologie	Angabe wie Rechner in einem Netzwerk durch das Betriebssystem administriert werden. Dies kann von der tatsächlichen physikalischen Topolgie abweichen, z. B. ist ein Netz in Sterntopolgie (physikalisch) aufgebaut, wird aber wie ein Ringnetz (logisch) betrieben.
MAN	Metropolitain Area Network, Netzwerk ínnerhalb einer Stadt.
Netzwerkadresse	Jede Netzwerkkarte besitzt eine weltweit einmalige Netzwerkadresse (Burnt-in-Adresse), sie dient zur Unterscheidung der im Netzwerk befindlichen Computer.
Netzwerkbetriebssysteme	Betriebssysteme, die einem Anwender die verschiedenen Server-Dienste wie Datei- und Druckerdienste unter einer einheitlichen Oberfläche zur Verfügung stellen, sie bauen auf Netzwerkprotokollen auf.

Netzwerkkarte, Netzwerkcontroller	Sie ermöglicht einem Rechner den physikalischen Zugang zu einem Netz, beim Datenversand werden parallele Datenströme des Rechners in serielle für das Netz geeignete Ströme umgewandelt, beim Datenempfang erfolgt dies umgekehrt.
Netzwerkprotokolle	Ermöglichen eine effiziente und reibunglose Kommunikation zwischen allen Rechnern innerhalb eines Netzwerkes, sie werden unterteilt in Anwendungsprotokolle, Transportprotokolle und Verbindungsprotokolle.
Netzwerktopologie	Art und Weise, in der Rechner untereinander vernetzt sind.
OSI-Referenzmodell	Die Grundfunktionen eines Netzwerks werden mit Hilfe dieses Modells erklärt, hierzu werden die funktionellen Abläufe und die technischen Bedingungen in 7 Schichten unterteilt.
Peer-to-Peer-Netz	Netzwerk in dem alle PCs gleichberechtigt sind.
Physikalische Topologie	Angabe wie die Rechner rein hardwaremäßig tatsächlich vernetzt sind.
Remote Control	Fernbedienung eines Rechners mittels eines anderen von außen über ein LAN oder WAN.
Repeater	Zwischenverstärker innerhalb gleicher Netz- und Kabeltypen.
Ressource-Sharing	Gemeinsame Nutzung von Peripheriegeräten innerhalb eines Netzes z. B. bei Druckern.
RG-58	Standard für Koaxialkabel.

Ring-Topologie Alle Arbeitsplätze einschließlich Server sind in Form eines Ringes miteinander verbunden. Die Daten wandern hierbei von Rechner zu Rechner.

RJ-45 Steckertyp für Twisted-Pair-Kabel.

Router Verbindet unterschiedliche Netztypen, die aber ein gemeinsames Protokoll verwenden, ihre Hauptaufgabe ist die optimale Wegermittlung beim Transport von Datenpaketen.

Software-Sharing Gemeinsame Nutzung einer Software innerhalb eines Netzes.

Stern-Topologie Alle Rechner einschließlich Server sind an einem zentralem Sternverteiler (Hub) mittels Zweidrahtleitung (Twisted Pair) angeschlossen.

STP Shielded-Twisted-Pair, abgeschirmtes Kabel, eignet sich für Entfernungen bis zu 185 m und 1 Mbit/s Datenübertragungsrate.

Switch Intelligenter Sternverteiler innerhalb eines Sternnetzes.

TCP Transmission Control Protocol, es überwacht den Datentransport und korrigiert automatisch Fehler.

TCP/IP Protokollsammlung für die Datenübertragung im Internet.

Terminator Abschlusswiderstand für Koaxialkabel.

Thicknet Dickes Koaxialkabel, Durchmesser ca. 1 cm, geeignet bis 500 m Entfernung, mittlerweile veraltet.

Thinnet, Cheapernet — Dünnes Koaxialkabel, Durchmesser ca. 0,5 cm, geeignet bis 185 m Entfernung.

Token Pasing — Zugriffsverfahren im Token Ring Netz.

Token Ring — Netzwerktechnologie für LAN 1985, von IBM entwickelt und unter IEEE 802.5 standardisiert;
Topologie: Ring.
Zugriffsverfahren: Token Pasing,
Übertragungsraten: 4 bis 16 Mbit/s,
Medien: UTP oder STP.

Topologie — Netzwerktopologie.

Twisted-Pair-Kabel — Gegeneinander verdrillte Kupferadern, Einsatz hauptsächlich in Sternnetzen.

UTP — Unshielded-Twisted-Pair, nicht abgeschirmtes Kabel, eignet sich nur für Entfernungen bis 100 m und 64 Kbit/s Datenübertragungsrate.

Vernetzungskonzept — Aufgaben- und Funktionsverteilung innerhalb eines Netzes.

WAN — Wide Area Network, landesweites oder länderübergreifendes Netzwerk.

WLAN — Wireless Local Area Network, drahtloses Netzwerk (Funknetzwerk).

Yellow Cable — → 10Base5.

Zentralrechnerkonzept — Netzwerk bestehend aus einem Großrechner und einer Vielzahl von Terminals ohne eigene Intelligenz.

3.3 Monitor

AGP-Bus
Accelerated Graphics Port, beschleunigter Grafik-Bus, spezieller Steckplatz auf dem Motherboard, der nur für die Grafikkarte reserviert ist.

Astigmatismus
Abbildungsfehler bei Bildröhren, der normalerweise kreisrunde Elektronenstrahl wird elliptisch verzerrt.

Augenhöhe
Die oberste Schriftzeile eines Bildschirm sollte noch unter der Augenhöhe liegen.

Ausleuchtung
Die gesamte Fläche eines Bildschirms sollte mit gleicher Intensität dargestellt werden.

Beamer
Siehe LCD-Projektor und DLP-Projektor.

Bildeinstellungen
Möglichkeiten einen Monitor einzustellen hinsichtlich: Bildhöhe und -breite, Bildposition, Kontrast und Helligkeit, Konvergenz, Bildneigung, Bildgeometrie, Entmagnetisierung.

Bildschirmauflösung
Anzahl der einzelnen, ansteuerbaren Bildschirmpunkte in horizontaler und vertikaler Richtung.

Bildschirmgerechte Beleuchtung
Blendfreie Beleuchtung für Bildschirmarbeitsplätze, die Beleuchtung darf sich nicht auf der Monitoroberfläche spiegeln und sollte etwa gleich hell sein wie der Monitor.

Bildschirmgröße
Angabe der Bildschirmdiagonale in Zoll.

Bildschirmmaske
Sie dient zur genaueren Abgrenzung der Elektronenstrahlen bevor diese auf die Phosphorpunkte auftreffen. Es können Lochmasken, Streifenmasken oder Schlitzmasken verwendet werden.

Bildschirmpixel

Bildschirmpunkt bestehend aus je einem Punkt in RGB.

Bildschirmstrahlung

Bei CRT-Monitoren entsteht durch das Auftreffen der Elektronenstrahlen auf die Leuchtschicht eine schwache Röntgenstrahlung, ebenfalls entsteht durch Potenzialunterschiede ein elektrostatisches Feld.

Bildwiederhol-frequenz

Angabe, wie oft pro Sekunde das gesamte Bild beim CRT-Monitor neu aufgebaut wird. Wertangabe erfolgt in Hz. Ab 75 Hz spricht man von einem flimmerfreien Monitor.

CE-Zeichen

Prüfzeichen der Communauté Européene. Der Monitor entspricht den elektromagnetischen Verträglichkeitsvorschriften und elektrischen Sicherheitsvorschriften der EU.

CRT

Cathode Ray Tube, Kathodenstrahlröhre, Röhrenmonitor.

Degaussing

Bewirkt die Entmagnetisierung von Bildröhren.

Distorsion

Verzeichnung/Verzerrung der Bildschirmdarstellung.

Divergenz

Auseinanderlaufen der drei Grundfarben (siehe Konvergenz).

DLP-Projektor, Beamer

Digital Light Processor-Projektor, der zur Bilddarstellung einen DMD-Spiegelchip und ein schnell rotierendes Farbrad verwendet.

DLP-Spiegelchip	Digital Light Processor, Technologie zur Bildprojektion der Fa. Texas Instruments, bestehend aus einem Chip, der pro Bildpunkt einen mikroskopisch kleinen, kippbaren Spiegel (DMD) enthält.
DMD	Digital Mirror Device, Spiegelchip für DLP-Projektor.
Dot-Pitch	→ Punktabstand.
Energy2000	Schweizer Prüfstandard, der festlegt, dass Monitore im Standby-Modus max. 5 W Leistung verbrauchen dürfen.
Energy-Star-Zeichen	Kennzeichen (USA), dass der Monitor stromsparend arbeitet und sich nach längerer Nichtbenutzung ausschaltet.
Farbtiefe	Angabe einer Grafikkarte über die Anzahl der darstellbaren Farben.
Farbtripel	Drei zusammengehörige Leuchtpunkte in RGB, sie bilden zusammen ein Bildschirmpixel.
Flimmerfreiheit	Bei einem CRT-Monitor ab einer Bildwiederholfrequenz von 75 Hz gegeben.
Grafikkarte	Verbindungskarte zwischen Rechner und Bildschirm, sie wandelt binäre Stromsignale in analoge Signale für den Monitor um. Sie verwaltet den Bildschirmspeicher, gibt die Daten an den Monitor aus und liefert Synchronisationssignale für den Monitor.
Grafikprozessor	Bestandteil einer Grafikkarte, er bereitet die Grafikdaten auf, schreibt und liest Daten aus dem Bildschirmspeicher und entlastet dadurch die CPU.

GS-Zeichen Prüfzeichen der Berufsgenossenschaft. Der Monitor entspricht den Strahlungs- und Ergonomierichtlinien der Berufsgenossenschaften.

Haltedrähte Dienen zur Stabilisierung der Streifenmaske, dadurch sind zwei vertikal verlaufende, dünne Streifen auf dem Bildschirm sichtbar.

Highcolor 32 767 oder 65 536 darstellbare Farben.

Horizontalfrequenz, Zeilenfrequenz Angabe, wie viele Zeilen pro Sekunde auf dem CRT-Bildschirm dargestellt werden können. Wertangabe erfolgt in kHz. Sie ist das Produkt aus der Anzahl Zeilen (sichtbar und unsichtbar) mal der Bildwiederholfrequenz.

Interlaced Zeilensprungverfahren, bei dem zunächst alle geraden Zeilen eines Bildes und anschließend alle ungeraden Zeilen eines Bildes dargestellt werden. Diese Technik wird vorwiegend in der Fernsehtechnik verwendet.

Konvergenz Treffsicherheit des Elektronenstrahls auf den jeweiligen Farbpunkt.

LCD Liquid Crystal Display, Flüssigkristallbildschirm, Flachbildschirm der zur Bilddarstellung Flüssigkristalle verwendet.

LCD-Projektor Projektor (umgangssprachlich Beamer), der zur Bilddarstellung je ein LCD in den Farben RGB durchleuchtet.

Lichtleistung Maßangabe über die Lichtleistung bei Projektoren in ANSI-Lumen.

Lochmaske Sie ist am häufigsten anzutreffen; ihre Vorteile liegen in der höheren Farbauflösung und der besseren Randschärfe. Nachteilig ist die geringere Helligkeit. Siehe auch Bildschirmmaske.

Moiré Bestimmte Pixelanordnungen und Farbkombinationen können auf dem Bildschirm störende Interferenzmuster erzeugen.

MPRII Prüfsiegel der schwedischen Regierung hinsichtlich der Strahlungssicherheit von Monitoren.

NUTEK-Symbol Kennzeichen (Schweden), dass der Monitor stromsparend arbeitet und sich nach längerer Nichtbenutzung ausschaltet.

On-Screen-Display Darstellung der Bildeinstellmöglichkeiten auf dem Monitor.

Phosphorpunkte Sie ermöglichen die Farbdarstellung bei CRT-Monitoren. Die Punkte in den additiven Grundfarben RGB werden durch Elektronenstrahlen zum Leuchten gebracht.

Prüfzeichen
- Blauer Engel (umweltgerecht produzierter Arbeitsplatzcomputer)
- CE (elektrische und elektromagnetische Sicherheitsvorschriften)
- CSA (Canadische Sicherheitsvorschrift)
- TÜV Rheinland (verschiedene Siegel zu Strahlungssicherheit, Energieeinsparung, Ergonomie, Umweltschutz, Recyclingfähigkeit)
- EMC-Zeichen (Funkschutz und Störfestigkeit in Europa, Japan und USA)
- Energy2000 (Energieeinsparung, Schweiz)

- Energy Star (Energieeinsparung, USA)
- Funkentstörung (nach VDE 0871)
- GS-Zeichen (Strahlungssicherheit, Ergonomie)
- MPR (Strahlungssicherheit)
- NUTEK (Energieeinsparung)
- TCO (Strahlungssicherheit)
- UL (Elektrische Sicherheit, USA)
- VDE-Zeichen (mechanische, thermische und radiologische Sicherheitsstandards)

Punktabstand, Lochabstand

Abstand in mm zwischen zwei Öffnungen einer Lochmaske der gleichen Farbe. Die Messung erfolgt normalerweise diagonal. Bei anderen Maskenarten wird der horizontale Abstand angegeben.

RAMDAC, DAC

Random Access Memory Digital Analog Converter. Bestandteil der Grafikkarte, er „übersetzt" binäre Stromsignale in analoge.

Refreshrate

Bildwiederholfrequenz.

Schlitzmaske

Sie hat die gleichen Vorteile wie die Streifenmaske bei zusätzlicher höherer Farbreinheit und Randschärfe. Nachteilig ist die geringere Auflösung im Vergleich zur Lochmaske. Siehe auch Bildschirmmaske.

Sehabstand

Der Abstand zwischen Bildschirmoberfläche und Auge sollte 45 cm nicht unterschreiten, der optimale Abstand liegt zwischen 50 und 75 cm.

Streifenmaske

Auch unter der Bezeichnung Gittermaske bekannt; ihre Vorteile liegen in der größeren Farbfläche und der Helligkeit. Nachteilig ist die geringere Auflösung und Randschärfe. Sie benötigt Haltedrähte zur Stabilisierung. Siehe auch Bildschirmmaske.

SVGA

Super Video Graphics Array. Grafikmodus der 256 Farben bei einer Auflösung von 800 × 600 Punkten darstellen kann.

TCO

Tjänstemännes Central-Organisation (The Swedisch Confederation of Professional Employees). Prüfsiegel der schwedischen Zentralorganisation der Angestellten- und Beamten-Gewerkschaft hinsichtlich der Strahlungssicherheit von Monitoren.

TFT

Thin Film Transistor, Dünnfilmtransistor.

TFT-LCD

Flachbildschirm bei dem jeder Flüssigkristall mittels eines Dünnfilmtransistors angesteuert wird.

TFT-Projektor

LCD-Projektor.

Touch-Screen

Berührungsempfindllicher Bildschirm, durch eine Touch-Scheibe wird durch Fingerdruck eine Funktion ausgelöst oder eine Information abgerufen.

TrueColor, Echtfarbendarstellung

16,7 Mio. darstellbare Farben.

VGA

Video Graphics Array, Grafikmodus der 16 Farben bei einer Auflösung von 640 × 480 Punkten darstellen kann.

Videobandbreite

Angabe, wie oft pro Sekunde ein CRT-Monitor in der Lage ist die Helligkeit eines Bildpunktes zu wechseln. Die Wertangabe erfolgt in MHz. Sie ist das Produkt aus der Anzahl der horizontalen Pixel mal der Horizontalfrequenz.

Video-RAM	Videospeicher.
Videospeicher	RAM-Speicher auf der Grafikkarte, er speichert die Bildschirminhalte.
XGA	Extended Video Graphics Array, Grafikmodus, der mindestens 256 Farben bei einer Auflösung von 1024 × 769 Punkten darstellen kann.

3.4 Dateiformate

3.4.1 Bilddatenformate

BMP	Windows-Bitmap-Format.
DCS	Desktop Color Separation Format: Besondere Form einer PostScript-Belichtungsdatei.
EPS	Encapsulated PostScript (Vektor- und pixelorientiertes Bildformat).
GIF	Graphics Interchange Format: Dateiformat für 8-Bit-Pixelbilder für die Nutzung im Internet.
GIF 89a	GIF-Format mit der Möglichkeit, Hintergrundfarben auf die Farbe Transparent zu stellen.
Interlaced GIF	Interlaced Modus eines GIF-Bildes bedeutet, dass beim Laden des Bildes zuerst nur jede zweite Zeile übertragen wird. Dadurch erscheint das Bild zuerst unscharf im Browserfenster. Sind die fehlenden Zeilen komplett übertragen, erscheint das Bild vollständig und scharf.

JPEG	Joint Photografic Expert Group, Dateiformat für komprimierte Pixelbilder.
JPEG 2000	Nachfolger des JPEG-Formates. Verbessert die Bildqualität im Vergleich zum Vorgängerformat. Ermöglicht die Speicherung digitaler Wasserzeichen und von Alphakanälen.
PCD	Photo-CD-Format der Firma Kodak.
PDF	Portable Dokument Format: Format für die anwendungs- und plattformübergreifende Anzeige und Ausgabe von Dokumenten.
PIC(T)	Picture Format (nur MAC OS).
PIC(T) II	Picture Format (Erweitertes Bildformat, nur MAC OS).
PNG	Portable Network Graphic: Grafikformat, das speziell für den Einsatz im Internet konzipiert wurde.
PS	PostScript-Format.
TIF oder TIFF	Tagged Image File Format (Pixelorientertes Bildformat).

3.4.2 Multimedia-Formate und -anwendungen

AIF(F)	Audio Interchange File Format: Plattformübergreifendes Audio-Format.
ASF	Durch Konvertieren von WMA-Dateien in das Advanced Streaming Format werden streamingfähige Audiodateien erstellt.
AVI	Audio-Video-Interleaved: Video-Audio-Format für den PC.

CSS Casscading Style Sheets Datei, siehe auch 7.1.

HTML HyperText Markup Language, siehe auch 7.1.

MOV Quick-Time-Format. Plattformübergreifender Mediastandard für Video, Videostreaming, Audiowiedergabe und Animation.

MPEG Motion Picture Experts Group: Kompressions- und Dekompressionstechnologie für Video- und Audiodateien sowie Multimedia-Anwendungen.

MPEG Layer 3 (MP3) Format für die Audiowiedergabe. Mit geeigneten Kompressionsverfahren wird die Audiodatei so komprimiert, dass eine Klangwiedergabe ohne wesentliche Einbußen möglich ist.

MPEG-1 1992 Version 1: Auflösung 360 Pixel × 288 Pixel × 25 Frames/s, kein Interlaced-Verfahren, VHS-Aufzeichnung ist möglich, optimiert für Videowiedergabe von CD-ROM, 2 Audiokanäle.

MPEG-2 1994 Version 2 Auflösung 1920 × 1080 × 25, Interlaced-Verfahren möglich, 5 Audiokanäle. Die für MPEG-2 definierten Auflösungen sind in so genannten Profilen zusammengefasst, die in verschiedene Levelklassen eingeteilt werden. Diese Levelklassen werden unterteilt in High-Level 1 und 2, Main-Level und Low-Level. Die jeweiligen Spezifikationen sind hierbei den Datenblättern zu entnehmen.

MPEG-4-7	1999 Version 4–7. Dies ist kein fester Standard, sondern ein Rahmenwerk (Framework), welches die Technologie zur Verarbeitung von interaktiven Medien wie virtuellen Räumen, Sound, Video, Grafik und Text beschreibt. Grundsätzlich ist MPEG-4 mehr ein Einstieg in die Welt der Virtuell Reality als nur ein Bewegtbild-Standard.
NewsML	Extensible Markup Language: Format der Presseagenturen auf der Basis von XML zum Nachrichtenaustausch und -versand.
RA	Real Audio ermöglicht streamingfähige Sounds in unterschiedlicher Qualität für das Internet.
SWA	Shockwave Audio, vor allem für Offline-Produktionen verwendetes Format, das vom Programm Macromedia Director erzeugt werden kann.
WAV(E)	Windows Audio-Format. Sounddateiformat im PC-Bereich, normalerweise unkomprimiert. Der Begriff kommt von der Darstellung eines Tones als Welle = WAVE.
WMA	Windows Media Audio Format, das Audioformat der „Microsoft Mediatechnology".
WML	Wireless Modelling Language Protokoll (Internet für Handys).
XHTML	eXtensible Hypertext Markup Language-Neudefinition von HTML in XML.
XML	eXtensible Markup Language.
XSL	eXtensible Stylesheet Language.

XSLT eXtensible Stylesheet Language for Transformations (Regelwerk zur Transformation und Konvertierung von XML-Daten).

3.4.3 Programmformate

ai Adobe Illustrator File Format.

dir Director-Datei.

doc Microsoft-Word-Format.

dxr Geschützte Director-Datei.

fhx Macromedia Freehand File Format (x steht für die Versionsnummer).

pdf Portable Dokument Format.

pmx Page Maker File Format (x steht für die Versionsnummer).

ps PostScript-Datei.

psd Photoshop Data Format.

QTVR Quick Time Virtuell Reality.

qxd QuarkXPress-Datei.

rgb Silicon Graphics Image File Format.

rtf Rich Text Format.

swf Shockwave Flash-Datei.

txt Textformat.

wmf Windows Meta File.

xls Excel Datei.

3.4.4 Workflow-Formate und -begriffe

CIP3/CIP4
International Cooperation for Integration of Prepress, Press und Postpress. Die Kurzform steht für das Standard-Datenformat das vom CIP-Konsortium entwickelt wurde bzw. weiterentwickelt wird.

ETF
Electronic Ticket Format. Jobticket für die Übertragung von Produktionsdaten in Datennetzen.

IFRAtrack-Format
Workflow-Format für den Zeitungsbetrieb auf der Basis von XML.

JDF
Job Definition Format (CIP4 kompatibles Format).

PDF
Portable Document Format. Grundformat für den PDF-orientierten Print-Workflow für Vorstufen- und Druckereibetriebe. Grundformat für den Austausch von Daten im WWW.

PJTF
Portable Job Ticket Format (CIP4 kompatibles Format).

PML
Personalized Print Markup Language. Produktionsstandard für Digitaldruckmaschinen.

PPF
Print Produktion Format (CIP4 kompatibles Format).

XML-Jobticket
Übertragungsformat für Produktionsdaten in Datennetzen, das von Nachrichtenagenturen und Zeitungsbetrieben genutzt wird.

3.4.5 Verschlüsselungsformate

DES Data Encryption Standard. Ein verbreitetes symmetrisches Verschlüsselungsverfahren.

IDEA International Data Encryption Algorithm. IDEA ist ein Verschlüsselungsverfahren, das ähnlich wie DES arbeitet. Die Verschlüsselung wird in mehreren Durchläufen durchgeführt.

PKS Public Key System: System zum Verschlüsseln/Entschlüsseln von Daten z. B. im WWW. Ein Schlüssel wird als öffentlicher Schlüssel (Public Key), der Gegenschlüssel zum Entschlüsseln wird als Private Key bezeichnet.

3.4.6 Allgemeines zu Dateiformaten

DIN Deutsches Institut für Normung.

EOF End of File. Dateiendezeichen.

Header Datenanfangskennsatz z. B. einer Bilddatei. Beschreibt die Merkmale einer Datei, die wichtig für die Interpretation der eigentlichen Image-Datei sind.

ISO Internationale Standardisierungs Organisation zur Festlegung von Normen.

ISO 9660 Normierung der Verzeichnisstruktur z. B. auf einer CD-ROM für IBM-Kompatible, Macintosh-PC und Unix-Workstation.

Metafile Dies sind Bilddateien, welche sowohl pixel- als auch vektororientierte Bilddaten enthalten.

PDL	Page Description Language = Seitenbeschreibungssprache.
PostScript	• Seitenbeschreibungssprache • Belichter-/Druckerkontrollsprache zur Ausgabesteuerung • Programmiersprache

4 Medienkonzeption

4.1 Briefing

Briefing
Auftragserteilung für werbliche Arbeiten an eine Agentur bzw. einen Medienbetrieb.

De-Briefing
Feedback durch den Auftraggeber nach Abschluss einer Auftragsarbeit hinsichtlich Qualität und Ausführung.

Meeting
Treffen aller an einem Auftrag beteiligten Mitarbeiter.

Re-Briefing
Nachbesprechung des Auftrages mit dem Kunden nach der Auftragserteilung.

Zielgruppe
Durch Werbung anzusprechender Personenkreis, auf den bestimmte Merkmale zutreffen.

Zielgruppenmerkmale
Merkmale für einen spezifischen Personenkreis, z. B. Alter, Geschlecht, Bildungsgrad, Einkommen, Beruf, Einstellungen zu..., Sprachkenntnisse usw.

4.2 Planungsschritte für Werbeaufträge

Ausführungsphase
Die geplanten und genehmigten Werbemittel, Drucksachen, WWW-Seiten werden realisiert und termingerecht bei den Werbeträgern platziert.

Entwicklungsphase
Kreative Arbeit in den Teams mit dem Ziel, realisierbare Entwürfe zu erstellen.

Gestaltungsphase	Umsetzung der Rohentwürfe in präsentationsreife Vorlagen/Layouts.
Grundlagenphase	Beschreibung des Werbeauftrages.
Kontrollphase	Die geplante und durchgeführte Werbemaßnahme wird einer Erfolgskontrolle unterzogen.
Strategiephase	• Definition des Werbezieles oder Marketingzieles, • Festlegung der Gestaltungsstrategie, • Auswahl der Werbeträger und der Medien.

4.3 Kalkulation und Auftragsabrechnung

Abschreibung	Aufwand für die Wertminderung eines Anlagegutes, das im Betrieb als Produktionsmittel eingesetzt wird.
Abschreibungssatz	Prozentwert der Abschreibung eines Wirtschaftsgutes. Wird i. d. R. von den Finanzbehörden festgelegt.
Angebotskalkulation	Vorkalkulation.
Arbeitskosten	Lohn- und Gehaltskosten, freiwillige und gesetzliche Sozialkosten.
Auftragsabrechnung	Nachkalkulation. Der tatsächliche Auftragsaufwand wird nach der Auftragsfertigstellung berechnet.
Degressive Abschreibung	Der Abschreibungssatz ist nicht gleichbleibend hoch über den gesamten Abschreibungszeitraum, sondern er ist am Anfang niedriger und am Ende höher. Beispiel: Ein Wohngebäude verliert mit zunehmendem

Alter stärker an Wert, da die Aufwendungen für die Instandhaltung immer höher werden.

Fertigungsstunden　Zeiten, die für die Erstellung eines Auftrages direkt verrechnet werden.

Fremdleistungskosten　Versicherungen, Reparaturen, Beratungskosten, Fremdaufträge usw.

G+V-Rechnung　Gewinn und Verlustrechnung durch Vergleich der Vorkalkulation mit der Auftragsabrechnung (Nachkalkulation).

Hilfsstunden　Hilfsstunden dienen der Betriebsbereitschaft. Sie werden nicht durch einen bestimmten Auftrag verursacht und können nicht direkt einem Auftrag zugeordnet werden.

Kapitalkosten　Zinsen und Abschreibungen.

Kostenstelle　Kosten verursachende Produktionsstelle innerhalb eines Betriebes wie z. B. Workstation, PC, MAC, Offsetdruckmaschine, Buchbindereimaschine.

Lineare Abschreibung　Jährlich gleichbleibende Abschreibung eines Wirtschaftsgutes über einen bestimmten Zeitraum, z. B. 5 Jahre.

Materialkosten　Kosten für das verbrauchte Material eines Auftrages.

Nutzungsdauer　Gebrauchsdauer eines Produktionsmittels für die Herstellung, wie PC, Druckmaschine usw.

Nutzungsgrad　Gibt an, zu welchem Prozentsatz die Arbeitszeit einer Kostenstelle direkt für die Produktion gebraucht wurde.

Platzkosten-rechnung	Ermittlung der Kosten eines Arbeitsplatzes. Daraus ergeben sich die zu verrechnenden Stundensätze für den Arbeitsplatz/die Kostenstelle.
Progressive Abschreibung	Der Abschreibungssatz ist nicht gleichbleibend hoch über den gesamten Abschreibungszeitraum, sondern er ist am Anfang höher und am Ende niedriger. Beispiel: Firmenwagen, der Wertverlust ist in den ersten Jahren höher als in den späteren Jahren, daher ist der Abschreibungssatz entsprechend dem Wertverlust anzusetzen.
	Hinweis: Die Abschreibungsbeschreibungen sind nicht zu verwechseln mit der steuerlichen Abschreibung. Hier sind die steuerlichen Vorschriften zu beachten.
Unproduktive Kostenstelle	Kosten verursachende Stelle, deren Tätigkeit nicht direkt der Produktion zuzuordnen ist. Die Kosten dieser Stellen (z. B. Buchhaltung, Hausmeister) müssen auf die produktiven Kostenstellen umgelegt werden.
Vorkalkulation	Kalkulation, um die Kosten eines Auftrags zu bestimmen. Aus der Vorkalkulation wird das Angebot für den Kunden abgeleitet.

4.4 Struktur und Planung Multimedia

Ablaufschema	Anderer Begriff für Navigationsstruktur.
Baumstruktur	Von einem Auswahlscreen gehen mehrere „Äste" in die Tiefe einer Applikation. Der Anwender muss immer wieder zu der Auswahlseite zurück, um in andere Bereiche zu gelangen.
Drehbuch	Legt den Aufbau und die Folge der einzelnen Screens einer Produktion fest.
Hot-Spots	Navigationstools auf einem Screen, die durch Berührung auf vielfältige Weise reagieren.
Hot-Spots QTVR	Verbindung zwischen zwei virtuellen Räumen durch eine virtuelle Öffnung, den so genannten HotSpot.
Human-Interface	Schnittstelle zwischen Mensch und Maschine (Computer). Sollte so aufbereitet sein, dass eine ermüdungsfreie und effektive Nutzung der Maschine möglich ist.
Interface-Design	Gestaltung der Nutzungsoberfläche einer Homepage, CD-ROM oder sonstigen Computeranwendung.
Jumplineare Schaltstruktur	Von einer Auswahlseite aus besteht die Möglichkeit, auf jede vorhandene Seite direkt zu navigieren.
Lineare Schaltstruktur	Die Screens laufen automatisch oder geschaltet nacheinander in einer festgelegten Reihenfolge ab.
Navigationselemente	Buttons, Schalter, Leisten, Regler, Cursoränderung, Tasten usw. Alle diese Elemente dienen der Navigation innerhalb einer MM-Applikation.

Navigationsstruktur	Grundlage für die Herstellung einer Multimedia-Applikation ist u. a. die für das Projekt vorgesehene Navigation, die mit Hilfe eines Schalt- oder Navigationsplans dargestellt wird. Aus diesem Plan geht hervor, von wo aus welche Seiten erreicht werden können.
Netzstruktur	Keine eindeutige und klare Struktur. Kennzeichen ist ein hoher Verlinkungsgrad unter den vorhandenen Seiten.
Pflichtenheft	Hier sind alle technischen, inhaltlichen und gestalterischen Anforderungen an ein Medienprodukt beschrieben.
See-and-Point-Struktur	Über einer Hauptseite klappt eine Zusatzseite (Flying Window) auf.
Single-Frame-Struktur	Der Nutzer findet eine Oberfläche (Seite) vor, auf der die unterschiedlichsten Aktionen aufgerufen werden können. Beispiel dazu ist ein datenbankgestütztes Lexikon mit immer gleicher Oberfläche.
Treatment	Erste Präsentation einer zukünftigen MM-Produktion mit Funktionsmustern. Erste Darstellung der Inhalte einer Produktion.

4.5 Abwicklung eines Druckauftrags

Andruck	Probedruck auf das Auflagenpapier mit einer Druckmaschine.
Arbeitsplanung	Festlegung der Arbeitsabläufe für die Abwicklung eines Druckauftrages.

Arbeitssteuerung

Produktionssteuerung eines Druckauftrages durch alle Fertigungsstufen hindurch bis zum Endprodukt.

Auftragstasche

In analoger oder digitaler Form möglich. Enthält die Informationen, die an den einzelnen Fertigungsstationen für die Erstellung einer Teilleistung (z. B. Text, Bild, Grafik) bis zum Gesamtprodukt erforderlich sind.

Ausschießen

Zusammenstellen der Seiten einer Druckform in der Art, dass sich nach dem Druck und dem Falzen der Druckbogen die jeweiligen Seiten in der richtigen Reihenfolge befinden.

Autorkorrektur

Korrektur des Auftrages durch den Autor. Die Kosten trägt dieser, sofern inhaltliche Änderungen zu Neusatz oder wesentlichen Veränderungen führen, die der Autor zu verantworten hat.

AV

Arbeitsvorbereitung für die Abwicklung des Druckauftrages.

CIP3/CIP4

Cooperation in Prepress, Press und Postpress.

Jobticketformat der Druckmaschinenhersteller, das den Austausch der Auftragsdaten zwischen der Druckvorstufe, dem Druck und der Weiterverarbeitung ermöglicht. Grundlage von CIP3/CIP4 ist das PPF-Format.

Computer-to-Film

Digitale Daten werden auf Film belichtet.

Computer-to-Plate

Digitale Daten werden direkt auf die Druckform außerhalb der Druckmaschine belichtet.

Computer-to-Press	Die Druckform wird in der Druckmaschine mit digitalen Daten bebildert. Anschließend wird von dieser Druckform gedruckt.
Computer-to-Print	Digitale Daten werden direkt auf einem Drucksystem ohne Nutzung einer Druckform ausgegeben.
Controlling	Auftragsüberwachung.
ETF	Electronic Ticket Format: Jobticket für die Übertragung in Datennetze.
Hauskorrektur	Korrektur der Satzfehler, die in der Druckvorstufe gemacht wurden. Die Kosten trägt die Druckerei.
Imprimatur	Druckfreigabe durch den Autor, Verlag, Auftraggeber.
JDF	Job-Definition-Format
Jobticket	Enthält administrative Daten und Produktionsdaten, die dazu dienen, die Abwicklung eines Druckauftrages zu beschleunigen.
PJTF	Portable Job Ticket Format.
PPF	Print-Production-Format.
PPML	Personalized Print Markup Language: Daten, die zum digitalen Drucken personalisierter Drucksachen aufbereitet wurden.
Weiterverarbeitung	Letzte Station der arbeitsteiligen Printproduktion. Hier werden die gedruckten Bogen gefalzt, geschnitten und zum Fertigprodukt zusammengestellt. Dadurch

erhält das Druckprodukt seine endgültige Form. Die Weiterverarbeitung findet in der Regel in der Buchbinderei/Druckweiterverarbeitung statt.

XML   Extensible Markup Language.

5 Medienproduktion – allgemein

5.1 Color Management

Absolut farbmetrisch
Algorithmus zur Farbraumtransformation, Stanzen mit absolutem Weißpunkt.

ANSI
American National Standardisation Institute.

Arbeitsfarbraum
Farbraum, in dem die Bildverarbeitung stattfindet.

CMM
Color Management Modul, Color Matching Method.

CMS
Color Management System, Gesamtheit der Soft- und Hardwarekomponenten.

Color Management, Farbmanagement
System zur Steuerung einer farbsicheren Produktion.

ColorSync
Teil von MacOS zur Unterstützung eines Color Management Workflows mit ICC-Profilen.

Farbmanagement-Richtlinien
Vorgaben zum Umgang mit ICC-Profilen bei der Bildverarbeitung.

Farbraum
Dreidimensionale Darstellung aller in einem Farbsystem darstellbaren Farben.

Gamut
Englische Bezeichnung für Farbraum.

Gamut Mapping
Farbraumtransformation.

Gerätekalibrierung
Auswahl des bei der Profilierung erzeugten ICC-Profils.

Geräteprofilierung Erfassen der IT8-Vorlagen und Erstellung des Geräteprofils durch Soll-Ist-Vergleich.

Grundkalibrierung Einstellen der Basiseinstellungen eines Gerätes.

ICC International Color Consortium.

ICC-Profil Nach den Vorgaben des ICC erstellte Datentabelle.

ICM Image Color Matching. Teil von Windows zur Unterstützung eines Color Management Workflows mit ICC-Profilen.

IT8 Bezeichnung der Normvorlagen zur Kalibrierung nach dem Normungsausschuss der ANSI.

Kalibrierung Einstellung eines Systems nach vorgegebenen Werten.

Konvertierungsoptionen Algorithmus zur Farbraumtransformation.

Normvorgaben zur Messung Normlichtart D50, Beobachtungswinkel 2°.

Perzeptiv Algorithmus zur Farbraumtransformation, nonlineare Komprimierung.

Profil Siehe ICC-Profil.

Profilkonvertierung Farbraumtransformation, die Bilddaten werden neu berechnet.

Profilzuweisung Anhängen eines ICC-Profils an eine Bilddatei, die Bilddaten bleiben dabei unverändert.

Prozessfarbraum	Ein durch die Koordinaten der Prozessfarben beschriebener Farbraum, der alle in diesem Prozess darstellbaren Farben umfasst.
Referenzfarbraum	Prozessunabhängiger Bezugsfarbraum, z. B. CIELAB.
Relativ farbmetrisch	Algorithmus zur Farbraumtransformation, Stanzen mit Weißpunktanpassung.
Renderingoptionen	Siehe Konvertierungsoptionen.
Sättigung	Algorithmus zur Farbraumtransformation, lineare Komprimierung.
Spektralfotometer	Gerät zur Messung der farbmetrischen Kenngrößen.
Zielfarbraum	Farbraum eines im Workflow nachfolgenden Ausgabemediums.

5.2 Bilddatenerfassung

Analog/Digital-Wandlung	Digitalisierung analoger Signale.
Analogsignal	Kontinuierlich variables Signal.
Auflicht	Beleuchtungseinrichtung zum Scannen opaker Aufsichtsvorlagen.
Auflösung	Anzahl der Pixel pro Streckeneinheit, meist angegeben in ppi = pixel per inch. **Optische Auflösung:** Anzahl der lichtempfindlichen Elemente. **Interpolierte Auflösung:** aus der optischen Auflösung errechnet.

Blooming	Überstrahlen, Störung bei der Bilddatenerfassung mit CCDs.
Charge Coupled Device, CCD	Ladungsgekoppeltes Bauelement zur Bilddatenerfassung in Flachbettscannern und Digitalkameras; in Scannern meist als Zeilen-, in Digitalkameras als Flächenchip.
Digitalsignal	Diskontinuierlich variables Signal.
Durchlicht	Durchleuchtungseinrichtung zum Scannen transparenter Vorlagen, z. B. Dias.
Farbwert	Farbigkeit einer Bildstelle.
Gradation	Tonwertabstufungen in einem Halbtonbild zwischen Licht (hellster Bildstelle) und Tiefe (dunkelster Bildstelle).
Halbtonvorlage	Vorlage mit kontinuierlich sich verändernden Ton- und oder Farbwerten, z. B. Dia oder Aquarell.
Klarglasabgleich	Kalibrierung der Fotosensoren eines Scanners auf das Glas des Vorlagenhalters.
Kontrast	Visuelle Differenz einzelner Tonwerte im Bild.
Photomultiplier Tube, PMT	Fotoelektronische Röhre zur Erfassung und Verstärkung von Bildinformation in Trommelscannern.
Prescan	Vorabscan.
Scanner	Optoelektronische Geräte zur Bilddatenerfassung.
Scannertypen	Einteilung der Scanner nach Bauart und Vorlagenart.

Schärfe	Elektronische Veränderung der Bildschärfe durch Veränderung des Detailkontrastes.
Schwarzpunkt	Dunkelste neutrale Bildstelle.
Schwellwert	Helligkeitswert zur Tontrennung in Schwarz oder Weiß bei Strichscans.
Strichvorlage	Vorlage mit flächigen Ton- oder Farbwerten, z. B. Tuschezeichnung, Grafik mit gleichmäßigen Farbflächen.
Tonwert	Helligkeit einer Bildstelle.
Vorlage	Eingangsinformation der Bildverarbeitung, Halbton- oder Strichvorlagen.
Weißabgleich	Abstimmung des Verhältnisses der additiven Grundfarben Rot, Grün und Blau zu einem neutralen Weiß.
Weißpunkt	Hellste neutrale Bildstelle.

5.3 Bildbearbeitung

Alpha-Kanal	Ein in Bildverarbeitungsprogrammen für Masken, Transparenz oder zusätzliche Farbinformationen reservierter Kanal.
Auflösung	Die Zahl von Bildelementen, die in der Darstellung am Bildschirm oder in der Ausgabe auf Film oder Papier wiedergegeben werden können. Meist ausgedrückt in Anzahl pro cm oder Inch.
Autotypie	Für den Druck gerastertes Halbtonbild.
Beschnitt	Produktionsbedingter Rand um das Endformat.

Bilddatenausgabe Darstellung der Bilddaten auf dem Monitor, im Belichter oder Drucker.

Bitmap Ein digitalisiertes Bild, das mit Pixeln dargestellt wird.

Bitmap-Modus Farbmodus für Pixelbilder in schwarz-weiß.

Bittiefe, Datentiefe, Farbtiefe Bittiefe bezeichnet die Anzahl von Bits, mit denen die Farbinformation pro Pixel gespeichert ist.

Blitzer Unbedruckte, weiße Stellen zwischen anstoßenden Farbflächen bei Druckerzeugnissen.

Composing Das Zusammenstellen eines neuen Bildes aus verschiedenen Bildern und/oder Bildteilen.

Composite-Datei Eine Datei, die noch nicht in einzelne Farbauszüge zerlegt ist.

Cross-Media-Publishing Produzieren von Dokumenten in verschiedenen Verfahren, bei denen die Daten in einem medienneutralen Format gespeichert werden.

Dateiformat Beim Speichern abhängig vom Verwendungszweck zu wählen, z. B. *.psd, *.tif oder *.eps.

Detailkontrast Siehe Scharfzeichnen.

Druckkennlinie Übertragungskennlinie Bilddaten-Druck.

Druckvorstufe Die Druckvorstufe umfasst die Gesamtheit des Workflow von dem zu druckenden Ausgangsmaterial – Texte, Bilder – bis zur fertigen Druckvorlage.

DTP	Desktop Publishing.
Farbmodus	Farbmodell für die Anzeige und Ausgabe von Bildern.
Farbtrennung	Optische Aufteilung der Vorlagenfarbinformation in einzelne Farbkanäle.
Farbwert	Farbe einer Bildstelle, definiert durch die Anteile der Prozessfarben.
Filter	Option eines Bildverarbeitungsprogramms zur Bildmodifikation, z. B. Scharfzeichnen.
Freistellen	Rechtwinkliges oder figürliches Auswählen eines Bildteils.
Gradation	Tonwertabstufungen in einem Halbtonbild zwischen Licht (hellster Bildstelle) und Tiefe (dunkelster Bildstelle).
Gradationskurve	Übertragungskennlinie zwischen zwei Workflowabschnitten.
Gradationssteuerung	Veränderung der Tonwertcharakteristik eines Bildes durch gezielte Veränderung der Gradationskurve.
Graubalance	Verhältnis der Prozessfarbanteile, die ein neutrales Grau ergeben.
Graustufenbild	Ein Halbtonbild, das nur aus Schwarz-, Weiß- und Grautönen besteht.
Halbtonbild	Ein Farb- oder Graustufenbild mit, im Gegensatz zu Strichbildern, kontinuierlich variablen Tonwerten.
Interpolation	Mittelwertbildung.
JPEG	Joint Photographic Experts Group. Dateiformat mit verlustbehafteter Komprimierung.

Kontrast	Visuelle Helligkeitsdifferenz.
Licht	Hellste bzw. helle Bildbereiche.
lpi	Lines per inch, Linien pro Zoll, Maßeinheit für die Rasterweite von Halbtonbildern.
LZW	LZW-Komprimierung, verlustfreies Kompressionsverfahren zur Speicherung von Bildern, LZW steht für die Anfangsbuchstaben von Lempel, Ziv und Welch, den Entwicklern des Kompressionsverfahrens.
Pixel	Abkürzung für Picture Element (englisch: Bildelement).
Randabfallend	Das Bild geht bis zum Rand des Formats. Um ein Blitzen zu vermeiden müssen drei Millimeter Beschnitt zugegeben werden.
Retusche	Berarbeitung eines Bildes um störende und fehlerhafte Bildstellen zu korrigieren.
Scharfzeichnen	Erhöhung der Tonwertdifferenz benachbarter Pixel, Erhöhung des Detailkontrasts.
Schwellwert	Tonwert oder Tonwertdifferenz benachbarter Pixel bei der ein bestimmter Effekt, z. B. Scharfzeichnen, wirksam wird.
Tiefe	Dunkelste bzw. dunkle Bildbereiche.
Tonwert	Helligkeitswert.
Unscharfmaskieren	Der Begriff stammt ursprünglich aus der analogen Reprotechnik. Das Umfeld dient zur Schärfung der Abbildung, durch die Maskierung wird die Schärfe des Bildes erhöht.

Weichzeichnen   Verringerung der Tonwertdifferenz benachbarter Pixel, Reduzierung des Detailkontrasts.

Zeichnung   Unterscheidbare Tonwerte, Strukturen.

5.4 Bildseparation

Basisfarbkorrektur, Grundfarben- korrektur   Korrektur der spektralen Mängel der Druckfarben.

Buntaufbau   Separationsart, der Tertiärfarbenanteil wird durch die Komplementärfarbe gebildet.

DCS   Desktop Color Separation. Version des EPS-Formats zur Speicherung separierter Dateien.

GCR   Gray Component Replacement, Unbuntaufbau.

Separation   Festlegung der CMYK-Anteile eines Farbbildes.

Separationsart   Algorithmus zur Aufteilung der CMYK-Anteile eines Farbbildes.

UCR   Under Color Removal, Buntaufbau.

Unbuntaufbau   Separationsart, der Tertiärfarbenanteil wird durch Schwarz gebildet.

5.5 Datenbank und Database Publishing

Abfrage
Suche nach bestimmten Informationen in einer Datenbank.

Administrator
Der Administrator verwaltet die Datenbank und vergibt die Zugriffsrechte.

Algorithmus
Die Beschreibung eines methodischen Weges zur Problemlösung.

Append
Englische Bezeichnung für anhängen. Anhängen einer Datei oder Ergänzen einer Datenbank um einen weiteren Datensatz.

Applet
Programme, die in der Programmiersprache Java entwickelt wurden. Ein Applet wird vom Server geladen und auf dem Client ausgeführt.

Application Program
Anwendungsprogramm.

Array
Bezeichnet eine Liste von zusammengehörenden Daten. Wir unterscheiden zwischen ein-, zwei- und mehrdimensionalen Arrays.

ASP
- Active Server Pages: Technologie für dynamische Web-Seiten, deren Inhalte serverseitig generiert werden.
- Application Service Provider: Dienstleister, der bestimmte Anwendungen meist über das Internet anbietet.

Attachment
Datei-Anhang bei E-Mail.

Attribut
Zusatzangabe zur Kennzeichnung eines Elementes.

Authentizität	Die Authentizität stellt sicher, dass Daten tatsächlich von der Stelle stammen, welche sich als Absender ausgibt.
Authorization	Berechtigung; das Recht eines Anwenders, auf bestimmte Daten mit definierten Funktionen wie Lesen, Ändern, Einfügen oder Löschen zuzugreifen. Diese Rechte werden von einem Administrator vergeben.
Backup	Sicherheitskopie eines Datenbestandes.
Book-on-Demand (BoD)	Druck eines Buches aus einer Datenbank erst nach Bestellung.
Bottom-up	Entwicklungsmodell eines Datenmodells.
Buffer	Englische Bezeichnung für Puffer; Zwischenspeicher für Daten.
Cache	Schneller Puffer zur Zwischenspeicherung von Daten.
CGI	Common Gateway Interface, der CGI-Standard ermöglicht das Starten von externen Programmen auf dem Web-Server.
Client-/ Server-Architektur	Netzwerkstruktur oder Datenbankkonzept mit hierarchischer Aufgabenverteilung. Der Server ist der Anbieter von Ressourcen, Dienstleistungen und Daten – die Arbeitsstationen (Clients) nutzen sie.
CMS	Content Management System; in der Regel Web-basierte Software-Lösung, zur Pflege von Web-Sites.
Cookie	Kleine Textdatei, die vom Web-Server regelmäßig an den Web-Browser und zurück übertragen wird, um Informationen über das Benutzerprofil zu übermitteln.

Database Publishing Datenbankgestützte Produktion von Print- oder Nonprintmedien.

Datei Zusammengehörende Daten, die unter einem eindeutigen Namen gespeichert werden.

Dateiattribut, Dateieigenschaft Eigenschaften, die einer Datei zugewiesen werden.

Dateiverzeichnis Logische Einteilung der Dateispeicherung auf einem Datenträger.

Datenbank Systematische Sammlung von Daten.

Datenbanksystem Verbindung von Datenbank und Datenverwaltungssystem.

Datenintegrität Bezeichnung für den ordnungsgemäßen Zustand von Daten.

Datenmodell Ordnungsschema zur Strukturierung der Daten in einer Datenbank.

Datentyp Datenart, z. B. Variable.

Datenverwaltungssystem System zur Verwaltung und Nutzung von Daten.

DBMS Data Base Management System, Datenbanksystem.

Demand-File Abrufdatei in einer Datenbank. Aus dieser Abrufdatei wird z. B. der Druck eines Kataloges generiert.

Digitales Papier, Elektronisches Papier Dünne, elastische Bildschirmfolien, die sich zusammenrollen lassen. Auf der Basis von Flüssigkristallen ist die Darstellung farbiger Informationen möglich. Man erwartet, dass diese „Papiere" eine Vielzahl von medienintegrativen Diensten entstehen lassen (z. B. e-Zeitung, e-Books).

Eindeutigkeit Grundsatz der Datenbankentwicklung, jeder Datensatz ist über einen Schlüssel eindeutig identifizierbar.

File Englische Bezeichnung für Datei.

Groupware Groupware-Programme ermöglichen verteiltes Arbeiten von Teams in Computernetzen. Die Daten werden durch serverbasierte Datenbanken aktualisiert.

Index Sortierte Liste von Begriffen. Mit Hilfe eines Index kann sehr schnell und direkt auf bestimmte Informationen innerhalb einer großen Datenmenge, z. B. einer Datenbank, zugegriffen werden.

JDBC Java DataBase Connectivity; eine von Sun entwickelte Datenbankschnittstelle.

Kiosksystem Darunter versteht man Infoterminals z. B. an Flughäfen, Bahnhöfen, Messen, Banken usw., diese werden als Kiosksysteme bezeichnet. Sie bestehen aus dem Kiosk (Hardware), einem PC und einer programmierten Oberfläche mit aufbereiteter Information. Kiosksysteme sind oftmals medienintegrativ, indem sie auf Datenbanken zugreifen. Beispiele finden sich am Flughafen (Abflug-/Ankunftszeiten) oder an Geldautomaten.

Konsistenz Vollständigkeit und Widerspruchsfreiheit.

Makro Kombination einzelner Anweisungen.

Medienintegration

Bild-, Text-, Grafik-, Video-, Sound- und Animationsdaten werden z. B. in einer Mediendatenbank erfasst und so bereitgestellt, dass sowohl Print- als auch Nonprintmedien daraus erstellt werden können. Ziel der Medienintegration ist die Mehrfachnutzung von Daten für die Herstellung unterschiedlicher Medien.

Medienintegrative Autorensysteme

Hier können Bild-, Text-, Video-, Sound-, Animations- und Navigationsdaten sowie Datenbanknutzungen zu einer komplexen Multimedia-Präsentation zusammengeführt werden. Ein typischer Vertreter dieser Software ist Macromedia Director.

Medienintegrative Präsentationssoftware

Hier können Bild-, Text-, Video-, Sound-, Animations- und Navigationsdaten zu einer Präsentation zusammengeführt werden. Ein typischer Vertreter dieser Software ist Microsoft Powerpoint.

Medienintegrative Webeditoren

Hier können Bild-, Text-, Video-, Sound-, Animations-, Navigationsdaten und netzbasierte Datenbankanwendungen zu einem komplexen Informationssystem zusammengeführt werden. Derartige Anwendungen können mit Web-Editoren wie z. B. Macromedia Dreamweaver erstellt werden oder werden frei programmiert.

Normalisierung

Ordnung der Datenfelder nach den Regeln der Datenstruktur.

ODBC

Open Database Connectivity, Datenbank-Schnittstelle.

Pearl

Interpreter-Skript-Sprache; zur Programmierung von CGI-Anwendungen.

PHP	Hypertext Preprocessor, serverseitige Scriptsprache.
Printing-on-Demand (PoD)	Drucken auf Abruf aus einer Datenbank.
R/3	Betriebswirtschaftliches Software-System von SAP.
RBMS	Relational Database Management System, relationales Datenbanksystem.
RDBMS	Relationales Datenbank Managementsystem.
Redundanzfreiheit	Grundsatz der Datenbankentwicklung, jede Information ist nur einmal gespeichert.
SGML	Standard Generalized Markup Language.
SQL	Structured Query Language, Anfrage und Manipulationssprache einer Datenbank.
Stammdaten	Datenbestand, der über einen längeren Zeitraum gültig ist.
Top-down	Entwicklungsmodell eines Datenmodells.
Touch-Screen	Berührungsempfindlicher Monitor. Durch eine Touch-Scheibe wird durch Fingerdruck eine Funktion ausgelöst oder eine Information abgerufen.
XMill	Kompressionstool für XML-Dateien.

6 Belichtungs- und Drucktechnologie

6.1 Raster Image Processor, RIP

APR

Automatic Picture Replacement – Technologie zum Austausch von Grob- und Feindaten in Layoutprogrammen bei Bildern.

Blitzer

Unbedruckte, weiße Stellen zwischen anstoßenden Farbflächen bei Druckerzeugnissen.

Composite-Datei

Noch nicht separierte Datei.

Feindaten

Hochaufgelöste Bilddaten.

Grobdaten

Niedrigaufgelöste Bilddaten zur Layouterstellung.

Hardware-RIP

RIP-Software auf speziell konfiguriertem Computer.

In-RIP-Separation

Berechnung der Separation während des RIP-Vorgangs.

In-RIP-Trapping

Berechnung der Überfüllung während des RIP-Vorgangs.

Open Prepress Interface, OPI

Software zum Einfügen von Feindaten in Layoutprogramme bei der Belichtung.

PostScript-RIP

RIP mit PostScript-Software.

Raster Image Processor, RIP

Hard- oder Softwaresystem zur Berechnung der Steuerungsdaten für ein Bildausgabesystem auf der Grundlage von PostScript. Durch die Umrechnung der PostScript-Dateien in eine Belichtungsmatrix wird das Ausgabesystem gesteuert.

Software-RIP   Spezielle RIP-Software auf einem PC. Berechnet die Belichter-Bitmap aus den vorhandenen PostScript-Daten zur Steuerung des Belichters.

Überfüllung   Zur Vermeidung von Blitzern werden bei aneinandergrenzenden Flächen die hellen Flächen etwas vergrößert.

6.1.1 Rasterung

Amplitudenmodulierter Raster   Raster mit variabler Punktgröße bei gleichem Mittelpunktabstand.

Ausbrechen   Lichterpunkte werden nicht korrekt übertragen.

Basisquadrat   Quadrat der Belichtermatrix, das einem Rasterpunkt zugeordnet ist.

Frequenzmodulierter Raster   Raster mit konstanter Punktgröße bei variablem Mittelpunktabstand.

Moiré   Mit Moiré (französisch: moiré = Gewebe mit Schillermuster) wird die störende Musterbildung durch ungünstige Überlagerung regelmäßiger Strukturen bezeichnet. Hervorgerufen z. B. durch falsche Rasterwinkelung im Mehrfarbendruck.

Punktschluss   Berühren der Rasterpunkte in den Mitteltönen.

Rasterdichte   Integrale Dichte eines Rastertonwerts.

Rasterelement   Flächenelement zur Darstellung der Tonwerte im Druck.

Rasterpunkt	Rasterelement, Größe ist meist abhängig vom dargestellten Tonwert.
Rastertonwert, Rasterprozentwert	Prozentuales Verhältnis der mit Rasterpunkten bedeckten Fläche zur Gesamtfläche.
Rasterung	Aufteilen einer Fläche in Flächenelemente.
Rasterweite	Anzahl der Rasterelemente pro Streckeneinheit, Zentimeter oder Inch.
Rasterwinkel	Lage der Rasterelemente zur Bildachse.
Rasterzelle	Basisquadrat.
REL	Kleinstes adressierbares Element innerhalb einer Belichterzelle.
Subzelle	Rasterzelle als Teil einer Superzelle.
Superzelle	Zusammenfassung mehrerer Rasterzellen bei der Rasterpunktberechnung in PostScript-RIPs.
Zugehen	Tiefenpunkte schmieren im Druck zu.

6.1.2 Filmmaterial

Aktinisches Licht	Fotochemisch wirksamstes Licht.
Allgemeinempfindlichkeit	Filmeigenschaft. Maß für die Lichtmenge, die zur Belichtung notwendig ist.
Auflösungsvermögen	Filmeigenschaft. Fähigkeit, Informationen getrennt darstellen zu können.
Blauempfindlicher Film	Film, dessen spektrale Empfindlichkeit den UV-/Blau-/Violett-Bereich des sichtbaren Spektrums umfasst.

Farbfilm	Aus mehreren farbigen Schichten aufgebauter Halbtonfilm.
Gamma	Maß für die Gradation, Steigung der Gradationskurve.
Gradation	Filmeigenschaft. Fähigkeit Tonwerte abzustufen.
Gradationskurve	Übertragungskennlinie zwischen Belichtung und Dichte.
Halbton	Helligkeitswert zwischen Schwarz und Weiß.
Halbtonfilm	Filme mit der Fähigkeit, echte Halbtöne darzustellen.
IR-empfindlicher Film	Film, der für die Belichtung mit Infrarot-Laserdioden geeignet ist.
Lith-Film	Filme mit ultraharter Gradation, die keine Halbtöne darstellen können.
Negativfilm	Zunehmende Belichtung führt zu abnehmender Dichte.
Orthochromatischer Film	Film, dessen spektrale Empfindlichkeit den UV-/Blau-/Grün-Bereich des sichtbaren Spektrums umfasst.
Panchromatischer Film	Ist für den ganzen Bereich des Farbspektrums empfindlich.
Positivfilm	Zunehmende Belichtung führt zu zunehmender Dichte.
Sensitometrische Eigenschaften	Durch die Lichtempfindlichkeit bedingte Eigenschaften.

Spektrale Empfind-lichkeit	Filmeigenschaft, gibt den Bereich des Strahlungsspektrums an, für den der Film die maximale Empfindlichkeit hat.
Tonwert	Helligkeit einer Bildstelle.
UV-empfindlicher Film	Hellraumfilm, der nur für UV-Strahlung empfindlich ist.

6.1.3 Belichter

Auflösung	Anzahl der Belichterlinien pro Strecken-einheit.
Ausgabevarianten	Vorgaben zur Formatanordnung, Tonwert- und Seitenverhältnis bei der Belichtung.
Außentrommel-belichter	Das zu belichtende Material wird zur Belichtung auf eine Trommel montiert.
Bebilderung	Belichtung.
Capstanbelichter, Flachbettbelichter,	Das zu belichtende Material liegt bei der Belichtung plan.
Innentrommel-belichter	Das zu belichtende Material liegt bei der Belichtung in einer Trommel.
Lichtquelle	Art der Belichtungslichtquelle, das zu belichtende Material muss darauf abge-stimmt werden.
Negativ	Tonwertverkehrt.
Seitenverkehrt	Spiegelverkehrt.
Spotgröße	Durchmesser des belichtenden Laser-strahls.

6.2 Drucker und Prooftechnologie

ADF
Automatic Domucent Feeder, automatische Dokumentenzufuhr.

Analog-Proof
Proof, dabei werden Filme zur Proofherstellung verwendet.

Andruck
Probedrucke mit Auflagenpapier in einer Druckmaschine.

Auflagenpapier
Die Papiersorte, die für die Erstellung des Kundenauftrages eingesetzt wird.

Bubble Jet
Tintenstrahldrucker, die nach dem Impuls-Jet Verfahren arbeiten. Hierbei wird die Tinte kurzfristig auf 500 °C erhitzt. Die dabei entstehende Dampfblase drückt die Tinten durch eine Düse und erzeugt dadurch einen Tropfen.

Color-Management
Anpassung der elektronisch gespeicherten Druckinformation an den Farbraum des Druckers.

Continous Jet
Tintenstrahldrucker, die einen permanent Tintentropfenstrahl erzeugen. Ablenkelektroden steuern die Position des Strahls, nicht benötigte Tinte wird von einem Auffangblech aufgefangen.

Cromalin
Analoges bzw. digitales Farbproofverfahren von DuPont (reg. Trademark).

Digitalproof
Prüfdrucker, der den Auflagendruck so gut als möglich wiedergeben soll. Man unterscheidet zwischen Druckern die „echte" Halbtöne produzieren und Druckern, die Halbtöne durch Rasterung wie im Offsetdruck erzeugen, dabei werden elektronische Dateien zur Proofherstellung verwendet.

Dithering	Methode zur Erzeugung von verschiedenen Ton- und Farbwerten bei Laserdruckern und Ink-Jet-Druckern durch unterschiedliche Frequenz und Positionierung der Druckpunkte.
dpi	Abkürzung für dots per inch. Auflösung des Ausgabegerätes, z. B. Drucker, Belichter.
Drop on demand	siehe Impuls-Jet.
Druckerauflösung	Anzahl der Druckpunkte pro Zoll, die Angabe erfolgt in dpi (dots per inch).
Druckerschriften, Druckerfonts	Schriften, die in einem Speicher (Festplatte) des Druckers bereits installiert sind. Häufig bei Laserdruckern zu finden.
Druckertreiber	Software, die es einem Anwendungsprogramm oder einem Betriebssystem ermöglicht, auf einen Drucker Informationen auszudrucken.
Druckkapazität	Anzahl möglicher Druckseiten pro Minute bezogen auf eine durchschnittliche Druckflächenbelegung.
Elektrofotografie	Überbegriff für elektronische Drucker, die nach dem elektrostatischen Prinzip funktionieren, wie z. B. Fotokopierer, Laser- und LED-Drucker.
Farblaserdrucker	Laserdrucker mit jeweils einer Tonerstation in den Farben CMYK.
Formproof	Prüfdruck der ausgeschossenen Druckform hinsichtlich Stand und Vollständigkeit.
Hard-Copy	Proof-Ausgabe von digitalen Daten auf einem Proofgerät.

Impact-Drucker	Elektronische Drucker mit feststehenden Druckelementen, z. B. Nadeldrucker, wird bei Durchschreibesätzen verwendet.
Impuls-Jet	Tintentstrahldrucker, die nur bei Bedarf einen Tintentropfen erzeugen (Drop on demand).
Ink-Jet-Drucker	Tintenstrahldrucker. Sie erzeugen winzige Tintentropfen, die sie auf den Bedruckstoff spritzen.
Iris-Proof	Digitales-Proofsystem, welches als elektrostatisches Tintenstrahlverfahren arbeitet.
Laserdrucker	Elektrostatischer Drucker, bei dem die Belichtung einer lichtempfindlichen Fotohalbleitertrommel mittels eines Laserstrahls erfolgt.
LED-Drucker	Elektrostatischer Drucker, bei dem die Belichtung einer lichtempfindlichen Fotohalbleitertrommel mittels lichtemittierender Dioden (LED) erfolgt.
Non-Impact-Drucker	Elektronische Drucker, die mit nicht festehenden Druckelementen arbeiten, z. B. Laserdrucker oder Ink-Jet-Drucker.
Phasenwechseldrucker	Tintendrucker, bei denen eine feste Tinte geschmolzen und dann im flüssigem Zustand wie eine normale Flüssigtinte behandelt wird.
Piezodrucker	Tintenstrahldrucker, die nach dem Impuls-Jet Verfahren arbeiten. Hierbei wird ein Piezokristall mittels Spannungsimpuls verformt. Die Verformung und Rückverformung wird zur Erzeugung des Tintentropfens ausgenutzt.

Plotter
Computergesteuertes Zeichensystem, das mittels farbiger Stifte oder Messer direkt auf Papier oder Karton großformatige Pläne und Zeichnungen ausgeben bzw. ausschneiden kann.

Proof
Hard-Copy. Fotomechanische oder elektronisches Prüfverfahren zur Kontrolle des Publishingproduktes.

Softproof
Visuelle Darstellung auf dem Monitor.

Thermodirektdruck
Thermodrucker, der zur Druckbilderzeugung ein thermosensitives Spezialpapier benötigt, z. B. bei Faxgeräten oder Preisauszeichnungswaagen.

Thermodrucker
Drucker, bei denen das Druckbild mittels Wärme erzeugt wird.

Thermosublimationsdruck
Thermodrucker im Proofbereich, zur Druckbilderzeugung wird ein Spezialtransferband, das nacheinander die Farben CMY(K) aufweist, eingesetzt. Die abschmelzenden Farbsubstanzen gehen in den gasförmigen Zustand über und werden auf einem Spezialpapier aufgefangen und verfestigt.

Thermotransferdruck
Thermodrucker, der zur Druckbilderzeugung ein thermoreaktives Transferband mit abschmelzenden Farbsubstanzen verwendet.

Toner
Farbige, mikrofeine Pulverkügelchen, mit Harz ummantelt.

6.3 Bedruckstoffe

Bedruckbarkeit
Eigenschaft eines Bedruckstoffes hinsichtlich der optimalen Qualität bei der Wiedergabe von Text und Bild.

Bedruckstoff
Alle Werkstoffe, die in einem Druckverfahren bedruckt werden können.

Chlorfrei gebleichte Papiere
Die Bleiche bei der Faserstoffherstellung zur Papierherstellung, wobei kein Chlor verwendet wird. Man unterscheidet zwischen elementar chlorfreien Papieren (ECF) und total chlorfreien Papieren (TCF).

De-Inking-Verfahren
Beim Altpapier-Recycling für die Papierherstellung wird die Druckfarbe entfernt.

Druckpapiere
Für die verschiedenen Druckverfahren optimiert, z. B. Zeitungsdruck-, Bilderdruck-, Dünndruck-, Werkdruck-, Bibeldruckpapier.

Druckschwierigkeiten im Offsetdruck (Auszug)
- **Ablegen:** Der obenliegende Druckbogen übernimmt vom darunterliegenden noch nicht getrockneten Druckbogen Farbe auf die Rückseite.
- **Dublieren:** Der Druck wirkt unscharf, da durch die Druckabwicklung ein Druckelement doppelt auf dem Bedruckstoff erscheinen kann.
- **Rupfen:** Beim Drucken wird von der Bedruckstoffoberfläche durch zu strenge Farbe Streichmasse, Farbe oder Faserstoff abgerissen (abgerupft). Dadurch entstehen Fehlstellen z. B. bei Vollflächen.
- **Tonen:** Mitdrucken der nichtdruckenden Elemente. Häufige Ursache ist ein

nicht korrektes Farb-/Wassergleichge-
wicht.

**Flächenbezogene
Masse**

Siehe Papiergewicht.

Füllstoffe

Pigmente zum Füllen der Faserzwischen-
räume, ergeben eine gleichmäßigere
Papierstruktur und -oberfläche, z. B.
Kreide oder Metalloxide.

Gestrichene Papiere

Papiere, die nach der Papiermaschine in
einer Streichmaschine mit einer Streich-
farbe beschichtet wurden.

- Einteilung nach der Oberfläche:
  - matt gestrichene Papiere, nach der
    Streichmaschine nicht oder mit spe-
    ziellen mikrostrukturierten Walzen
    im Kalander satiniert
  - halbmatt gestrichen, nur leicht sati-
    niert
  - glänzend gestrichen, im Kalander
    durch Satinage geglättet
  - gussgestrichen, in speziellen Streich-
    maschinen gestrichene Chromopa-
    piere
- Einteilung nach der Menge und Qualität des Strichs:
  - LWC-Papiere, ligth weight coated,
    Papier mit beidseitigem dünnen
    Strich, vor allem im Tiefdruck für
    Massenauflagen
  - Bilderdruckpapiere, Papiere mit
    einem beidseitigen Strichauftrag
  - Kunstdruckpapier, hochwertiges
    beidseitig gestrichenes Papier
  - Gussgestrichene Papiere, Papiere
    mit sehr hochwertiger glatter Ober-
    fläche

Holzfreie Papiere	Bestehen aus reinem Zellstoff (mindestens 95 %).
Holzhaltige Papiere	Bestehen aus 10 % bis 100 % Holzschliffanteil.
Holzschliff	Mechanisch zerfasertes Holz, Harze und Lignin bleiben erhalten.
Kalander	Maschine mit mehreren Walzen unterschiedlicher Oberfläche, zum Glätten oder Strukturieren von Papieroberflächen.
Karton	Bedruckstoff mit einem Grammgewicht zwischen 150 bis 600 g/m², ab einem Grammgewicht von 225 g/m² spricht man auch von Pappen.
Klimatisierung	Konditionierung des Papiers durch Heizung, Belüftung, Kühlung, Be- und Entfeuchtung. Die Beschäftigung mit den Klimaverhältnissen ist deshalb notwendig, weil Papier und Karton hygroskopische Materialien sind.
Leim	Hilfsstoff zur Herabsetzung der Saugfähigkeit und Fixierung der Füllstoffe
Lignin	Harzähnliche Substanz, welche im Holz enthalten ist und die Versteifung der Fasern und zudem die Vergilbung durch UV-Licht bewirkt.
Maschinenglatte Papiere	Papiere, die in der Papiermaschine geglättet werden.
Mattgestrichene Papiere	Papiere, die mit einem Strich veredelt sind.
Mittelfeine Papiere	Papiere, die leicht holzhaltig sind.

Naturpapiere   Papiere, die ungestrichen sind.

Papier   Bedruckstoff aus pflanzlichen Fasern (Holz), Wasser, Füllstoffen, Leimen, Farbstoffen und chemischen Hilfsmitteln.

Papierformate DIN   Einteilung der Papierbogen in DIN Formate. Es wird unterschieden zwischen DIN Rohformaten und DIN Endformaten. DIN Formatreihen sind DIN A (Vorzugsreihe), DIN B (Schnellhefter und Ordner), DIN C (Briefumschläge und Versandhüllen).

Papiergewicht   Die Angabe des Papiergewichts erfolgt als Flächengewicht bzw. flächenbezogene Masse in g/m^2 oder als 1000-Bogen-Gewicht in kg. Eine genaue Abgrenzung zwischen Papier, Karton und Pappe gibt es nicht. Die Übergänge sind fließend.

Einteilung nach DIN 730:

- Papier bis 225 g/m^2
- Karton 150 bis 600 g/m^2
- Pappe über 225 g/m^2

Papierkonditionierung   Einstellung des Papiers hinsichtlich der Temperatur und Luftfeuchtigkeit des Drucksaals.

Laufrichtung   Vorherrschende Faserrichtung im Papier. Die Papierlaufrichtung entsteht durch die Herstellung des Papiers in der Papiermaschine.

Papiersorten   • **Naturpapiere:** Papiersorte, die mit keinem Zusatzstoff in Berührung gekommen ist. Dazu gehören: maschinenglatte, satinierte, gepresste, geprägte, gehämmerte u. ä. Papiere.

- **Gestrichene Papiere:** Papiersorte, die mit einer Streichmasse unterschiedlicher Stärke und Zusammensetzung versehen wurde. Dazu gehören: Kunstdruckpapiere, Chromopapiere, gussgestrichene Papiere, Bilderdruckpapiere u. Ä.
- **Spezialpapiere:** Kopier-. Effekt-, Thermopapiere, Durchschreibepapiere u. Ä.
- **Druckpapiere:** Für die verschiedenen Druckverfahren aufbereitete Papiere wie z. B. Zeitungsdruckpapier, Illustrationsdruckpapier, Werkdruckpapier, Dünndruckpapier, Bibeldruckpapier u. Ä.
- **Schreibpapiere** müssen tintenfest sein und sind daher voll geleimt. Dazu zählt man Briefpapier, Schreibmaschinenpapier, Dokumentenpapier u. Ä.
- **Zeichenpapiere** sind beidseitig oberflächengeleimt. Es werden auch Papiere mit unterklebtem Gewebe für hohe Maßhaltigkeit verwendet.
- **Karton** steht zwischen Papier und Pappe. Papiere mit einem Grammgewicht zwischen 150 g/m^2 und ca. 600 g/m^2 werden als Karton bezeichnet.
- **Pappen** haben ein Grammgewicht ab ca. 225 g/m^2 und mehr.

Papiervolumen

Unterschiedliche Dicken von Papieren mit der gleichen flächenbezogenen Masse. Das Papiervolumen wird als Faktor angegeben, z. B. 2-volumiges Papier.

Volumen = Dicke des Papiers in mm/Flächenmasse in kg/m^2

Pappe

Meist weniger glatte Oberfläche als Karton mit einem Flächengewicht ab 225 g/m^2.

Randwelligkeit

Die Raumfeuchtigkeit ist höher als die Feuchtigkeit im Papierstapel. Die Papierfasern des Stapelrandes quellen auf und werden länger. Deshalb werden die Papierkanten des Stapels wellig.

Recyclingpapier

Aus Sekundär-Faserstoff. Altpapier, wird wieder zu Faserstoff für die Papierherstellung aufbereitet. Das Altpapier wird deinkt.

Ries

Bestimmte, abgepackte Menge an Papierbogen. Die Menge der Papierbogen ist abhängig von der flächenbezogenen Masse.

Satinage

Glätten von Papieroberflächen im Kalander.

Satiniertes Papier

Papier mit im Kalander geglätteter Oberfläche.

Schreibpapiere

Tintenfestes Papier, geeignet für das Bedrucken in Laserdruckern.

Strich

Oberflächenveredelung bei der Papierherstellung. Es wird auf das Papier eine spezielle Schicht aus Bindemittel aufgebracht.

Tellern

Die Raumfeuchtigkeit ist niedriger als die Feuchtigkeit im Papierstapel. Der Papierstapel trocknet von den Rändern her aus. Die Fasern ziehen sich zusammen, wodurch sie sich am Bogenrand stärker verkürzen als in der Mitte. Dadurch entsteht eine beulen- bzw. tellerförmige Papierverformung.

Umweltpapier

Aus Sekundär-Faserstoff. Altpapier, welches wieder zu Faserstoff für die Papierherstellung aufbereitet wird. Das Altpapier wird nicht de-inkt.

Verdruckbarkeit (runability)

Eigenschaften eines Bedruckstoffes hinsichtlich der optimalen Verarbeitbarkeit in Druck- und Weiterverarbeitungsmaschinen.

Zellstoff

Fasergrundstoff für die Papierherstellung. Chemisches Zerfasern des Holzes, wobei Lignin und Harze entfernt werden.

6.4 Druckfarbe

Chemische Trocknung

Änderung des molekularen Zustands der Farbbestandteile durch Oxidation oder Polymerisation mittels UV-Strahlen.

Druckfarbe, Toner

Werkstoff, welcher für das Bedrucken verwendet wird. Die Hauptbestandteile sind Farbpigmente oder Farbstoffe, Bindemittel und Hilfsstoffe.

Echtheiten

Für die unterschiedlichen Anforderungen an Druck- und Verpackungserzeugnisse gibt es verschiedene Echtheiten: z. B. Lebensmittelechtheiten (z. B. Käseechtheit), Parfümechtheit u. a.

Europaskala CMYK

Genormtes Farbmodell in der Druckindustrie. Mit den vier Grundfarben Schwarz (K), Cyan (C), Magenta (M) und Gelb (Y) können Farbbilder gedruckt werden.

Lichtechtheit

Resistenz der verdruckten Druckfarbe gegen Einwirkung von Tageslicht (UV-Licht)

Physikalische Trocknung

Die Druckfarbe trocknet durch Verdunsten/Wegschlagen. Das heißt, Binde- oder Lösemittel der Druckfarbe dringen ins Papier ein, Harzanteile mit Pigmenten bleiben an der Oberfläche und verhärten.

Rheologie

Lehre vom Fließen, hier speziell der Fließeigenschaft von Druckfarben.

Thixotropie

Herabsetzung der Viskosität durch mechanische Einflüsse.

Viskosität

Maß für die innere Reibung von Flüssigkeiten.

Wollskala

Maßeinheit für die Lichtechtheit von Druckfarben. Geht von 1 = sehr gering bis 8 = hervorragende Beständigkeit.

Zügigkeit, Tack

Tackwert. Widerstand, den die Farbe ihrer Spaltung entgegensetzt.

6.5 Drucktechnik und -verfahren

Abmusterung

Abstimmen. Visueller Vergleich des Farbmusters mit dem Druckprodukt unter Normlicht.

Ausschießen

Anordnen der Druckseiten oder Kopiervorlagen zu einer Druckform unter Beachtung der Seitenreihenfolge nach dem Falzen.

Bedruckbarkeit (printability)

Wechselwirkung zwischen Druckfarbe und Bedruckstoff.

Computer to Press

Siehe Direct Imaging (DI).

Computer to Print

Digitale Daten werden direkt auf den Bedruckstoff ausgegeben. Es wird also keine Druckform beschrieben oder hergestellt.

Digitaldruck

Übertragen von digitalen Daten direkt auf eine Druckeinheit ohne Umwege über Belichter, Filme und Druckplatten.

Direct Imaging, DI

Computer to Press. Digitale Daten werden direkt in die Druckmaschine übertragen. Die Druckformherstellung erfolgt direkt in der Druckmaschine.

Druckkennlinie

Grafische Darstellung der Größen-Abweichung des gedruckten Punktes vom Punkt auf der Druckplatte bzw. dem Film. Ergibt sich aus der messtechnischen Auswertung der Kontrollelemente (Soll-Ist-Vergleich).

Druckkontroll-streifen

Elemente zur visuellen und messtechnischen Qualitätskontrolle im Druck.

Drucklackierung

Veredelung eines Druckproduktes mit Hilfe einer farblosen Lackschicht, die glänzend oder matt ist. Dies kann als Teillackierung (Spotlackierung) oder als vollflächige Lackierung in der Druckmaschine erfolgen.

Durchdruck

Siebdruck. Die Druckform (= Sieb) besteht aus farbdurchlässigen und farbundurchlässigen Siebmaschen. Die farbdurchlässigen Elemente ermöglichen die Übertragung der Farbe auf den Bedruckstoff.

Dynamische Druckform

Die „Druckform" wird nach jedem Druck neu beschrieben. Siehe Computer-to-Print.

Einteilungsbogen

Vorlage für die genaue Platzierung von Seiten bei der Montage. Er enthält des Weiteren Angaben für Druck und Druckweiterverarbeitung.

Flachdruck

Druckende und nichtdruckende Elemente liegen in einer Ebene. Die nichtdruckenden Elemente sind hydrophil und ziehen Feuchtmittel an, die druckenden Elemente sind hydrophob und stoßen Feuchtmittel ab und nehmen somit die Druckfarbe an.

Der Flachdruck wird im Allgemeinen mit dem Offsetdruck gleichgesetzt, wobei beim Offsetdruck die Druckfarbe über einen Gummizylinder auf das Papier übertragen wird.

Greiferrand

Fläche, die in der Druckmaschine nicht bedruckt werden kann, da die Druckmaschine den Druckbogen in diesem Bereich greift.

Hauptdruckverfahren

Konventionelle Druckverfahren. Dies sind Hoch-, Tief-, Flach- und Durchdruck.

Hochdruck

Druckende Elemente der Druckform sind erhaben und werden eingefärbt. Die erhabenen Stellen übertragen die Farbinformationen i. d. R. direkt auf den Bedruckstoff. Die heutigen Verfahren sind Buch- und Flexodruck.

Makulatur

Fehlerhafte, unbrauchbare Drucke.

Nutzen

Anzahl gleichartiger Exemplare auf einem Druckbogen.

Offsetdruck

Flachdruck, wobei die Druckfarbe über einen Gummizylinder auf das Papier übertragen wird.

Personalisiertes Drucken

Drucken mittels Digitaldruck, wobei jeweils die Auflage 1 gedruckt wird. D. h. jedes einzelne Druckprodukt unterscheidet sich vom nachfolgenden.

Printing on Demand PoD	Drucken nach Bedarf, mittels Drucksystemen, die ohne Druckform arbeiten. Es wird erst gedruckt, wenn ein Druckprodukt direkt für den Endkunden erstellt wird.
Rastertondichte	Ermittlung der Dichte eines Rastertons im Druck oder im Film mittels densitometrischer Messung.
Schön- und Widerdruck	S+W. Vorder- und Rückseite eines Druckbogens werden mit zwei verschiedenen Druckformen bedruckt. Der Schöndruck ist der erste Druck.
Siebdruck	Durchdruck. Die Druckform lässt die Druckfarbe durch.
Standbogen	Auslinierter Druckbogen zur Kontrolle des genauen Standes aller Druckseiten.
Tiefdruck	Druckende Elemente der Druckform (Näpfchen) sind vertieft und werden mit Farbe gefüllt. Die Farbe aus den Näpfchen wird auf den Bedruckstoff übertragen. Die heutigen Verfahren sind Illustrationstiefdruck und Tampondruck.
Tonwertzunahme	Durch mechanische Verbreiterung des Rasterpunktes beim Druck entsteht ein insgesamt dunkleres Druckergebnis bei Rasterflächen. Um diesen Effekt zu vermeiden, muss mit Hilfe geeigneter Korrekturmaßnahmen die Rasterpunktgröße vor allem im Mitteltonbereich so reduziert werden, dass der gedruckte Rastertonwert dem Tonwert der Vorlage entspricht.
Umschlagen	Wendeart des Druckbogens. Greiferrand bleibt gleich, Seitenmarke wechselt.

Umstülpen	Wendeart des Druckbogens. Greiferrand wechselt, Seitenmarke bleibt gleich.
Volltondichte	Maß für die Farbschichtdicke und relative Farbsättigung im Druck.

6.6 Druckweiterverarbeitung

Beschnittmarke	Dünne Hilfslinien, welche dem Buchbinder anzeigen, wo der fertige Druckbogen geschnitten werden soll.
Bindeart	Heftart. Art, wie das Druckprodukt geheftet bzw. gebunden wird, z. B. Drahtheftung, Klebebindung, Spiralheftung.
Broschur	Buchbinderisches Produkt mit meist einfachem anspruchslosem Einband, im Unterschied zum Buch ohne Vorsätze, mit Verbindung von Buchblock und Umschlag im Rücken und einheitlichen Schnittkanten von Block und Umschlag, z. B. Taschenbuch.
Buch	Druckprodukt mit einem festen Einband, der dreiseitig übersteht. Buchblock und Einband sind durch Vorsätze miteinander verbunden.
Buchblock	Gebundene Falzbogen bzw. einzelne Blätter noch ohne Umschlag bzw. Buchdeckel.
Bund	Begriff aus der Druckformherstellung: Trennlinie zwischen zwei aneinander stehenden Seiten.
Drahtheftung	Heftart. Das Druckprodukt wird durch den Rücken mit Draht geheftet.

Druckweiter-verarbeitung	Finishing. Die gedruckten Falzbogen werden als Endprodukt fertiggestellt.
Einbruchfalz	Falzart. Der Druckbogen wird einmal gefalzt.
Einstecken	Sammeln. Ineinanderstecken mehrerer Falzbogen.
Fadenheftung	Heftart. Das Druckprodukt wird durch den Rücken mit Faden geheftet. Eine weitere Variante ist das Fadensiegeln.
Falzarten	Darunter versteht man die verschiedenen Möglichkeiten, einen Druckbogen in das Endformat zu falzen. Es werden folgende Falzarten unterschieden:

- Parallelfalzung
- Kreuzbruchfalzung
- Wickelfalzung
- Zickzackfalz oder Leporellofalz
- Einbruchfalz
- Mehrbruchfalz
- Kombinationsfalz
- Fensterfalz, auch Altarfalz genannt.

Falzbogen	Ein gefalzter Druckbogen. Wird auch als Lage oder Heftlage bezeichnet.
Falzmarke	Dünne Hilfslinien, welche anzeigen, wo der fertige Druckbogen gefalzt werden soll.
Falzsymbole	———— Einbruchfalz: 2 Blatt = 4 Seiten
	≡≡≡≡ z. B. Zickzackfalz: 3 Blatt = 6 Seiten
	2-Bruch-Kreuzfalz: 4 Blatt = 8 Seiten

Informieren Sie sich über weitere Falzmöglichkeiten bei Ihrem Buchbinder!

Finishing	Druckweiterverarbeitung. Die gedruckten Falzbogen werden als Endprodukt fertiggestellt.
Flattermarke	Markierung, welche im Bund zwischen der ersten und letzten Seite eines Falzbogens mitgedruckt wird. Die Flattermarke dient zur Kontrolle, ob die zusammengetragenen Falzbogen in der richtigen Reihenfolge sind.
Heft	Einlagiges Druckprodukt ohne oder mit leichtem Umschlag, das durch den Rücken mit Draht oder Faden geheftet ist, z. B. Schulheft.
Heftart	Bindeart. Art, wie das Druckprodukt geheftet bzw. gebunden wird, z. B. Drahtheftung, Klebebindung, Spiralheftung und Fadenheftung.
Inline-Finishing	Der Falzbogen wird direkt im Anschluss an die Druckmaschine zum Endprodukt weiterverarbeitet
Kaschieren	Überziehen von Papier, Karton oder Pappe mit Papieren, Geweben oder Folien.
Klebebindung	Bindeart. Das Druckprodukt wird am Rücken aufgefräst und anschließend geleimt.
Kollationieren	Das Kontrollieren der zusammengetragenen Druckbogen auf die richtige Reihenfolge der Seitenzahlen, Bogenziffern und Flattermarken.
Kombinationsfalz	Kombination aus Parallel- und Kreuzbruchfalz.
Kreuzbruchfalz	Die Brüche kreuzen sich rechtwinklig.

Laminieren	Überziehen von Papier, Karton oder Pappe mit transparenter Kunststofffolie.
Leporellofalz	Parallelfalzart. Der Druckbogen wird nacheinander gefalzt, wobei jeweils die Richtung des Bruches gewechselt wird.
Mehrbruchfalz	Der Druckbogen wird mehrmals gefalzt. Dies kann als Parallelfalz oder als Kreuzbruchfalz geschehen.
Nuten	Wird bei dicken Kartons und Pappen praktiziert. Dabei wird ein Materialspan herausgehoben, so dass das Umbiegen später leichter erfolgen kann.
Parallelfalz	Alle Brüche liegen parallel.
Perforieren	Durchtrennen von Papier, Karton oder Pappe mittels aneinandergereihter kleiner Löcher bzw. Schlitze. Dient zum Abtrennen, z. B. Eintrittskarte.
Prägen	Mittels Prägestempel wird der Werkstoff verformt. Ein besonderes Verfahren hierzu ist die Heißfolienprägung.
Rillen	Eindrücken von Vertiefungen in Papier, Karton oder Pappe, um eine saubere Falzung zu ermöglichen.
Ringheftung	Heftart. Das Druckprodukt wird gelocht und eine Ringheftung angebracht.
Sammeln	Einstecken. Ineinanderstecken mehrerer Falzbogen.
Schwertfalz, Messerfalz	Der Bogen wird von einem Falzschwert in den Zwischenraum zweier gegeneinander laufender Falzwalzen durch das Falzschwert gestoßen und erhält dadurch seinen Falz (Bruch).

Selektive Binding Selektives Zusammentragen, d. h. es werden nicht prinzipiell alle Falzbogen zusammengetragen, sondern je nach Adressat nur Teile.

Spiralheftung Heftart. Das Druckprodukt wird gelocht und eine Spiralheftung angebracht.

Stanzen Trennverfahren zur Herstellung von Faltschachteln, Verpackungen, Etiketten u. ä. Hierbei wird mit Hilfe eines Stanzmessers (Stanzform) das Material vollständig durchgeschnitten. Die Abbildung zeigt das Muster einer Stanzform für eine Faltschachtel.

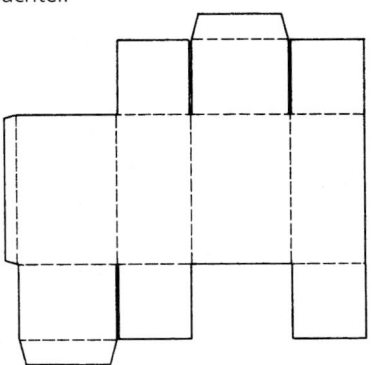

Taschenfalz Auch Stauchfalz genannt. Der Bogen läuft gegen einen Anschlag in einer Falztasche, wird nach unten durchgestaucht und von geriffelten Falzwalzen erfasst und gefalzt.

Trimmer Gerät zum Beschnitt von Druckprodukten an drei Seiten.

Vorsatzpapier	Verbindet Buchblock und Buchdecke. Ist üblicherweise ein stärkeres Papier, da es größeren Belastungen ausgesetzt ist.
Wickelfalz	Parallelfalzart. Der Druckbogen wird zwei- oder mehrmalig um ein Bogenteil gefalzt. Der Druckbogen wird „ineinandergewickelt".
Zickzackfalz	Parallelfalzart. Der Druckbogen wird nacheinander gefalzt, wobei jeweils die Richtung des Bruches gewechselt wird.
Zusammentragen	Hintereinanderlegen mehrerer Falzbogen.

7 Medienproduktion Non-Print

7.1 Internet

@-Zeichen, At-Zeichen
Fester Bestandteil von E-Mail-Adressen. Das At-Zeichen darf nicht als Bestandteil eines Firmennamens verwendet werden. Siehe Kap. 9.

Account
„Elektronisches Konto", Zugangsberechtigung zu den Diensten eines Providers oder Online-Dienstes.

Active X
Softwaretechnologie von Microsoft, mit der Anwendungen aus dem Internet auf dem Computer des Benutzers gestartet werden können.

ADSL
Asymetric Digital Subscriber Line, digitale Datenübertragungstechnik über normales Telefonkabel, max. 9 MBit/s im Download und 768 KBit/s im Upload.

Analoger Zugang
Anschluss des PCs an das Telefonnetz mittels eines MODEMs, das digitale in analoge Daten bzw. analoge in digitale Daten umwandeln kann.

Applet
Java-Programm, das in einen Browser geladen und dort ausgeführt wird.

Attachment
Datei-Anhang einer E-Mail.

Bandbreite
Übertragungs-Leistung einer Internet-Anbindung.

Banner
Werbefläche innerhalb einer Internetseite, meist mit einem Hyperlink auf die beworbene Site.

Baud	Maßeinheit für die Geschwindigkeit der Datenübertragung mit Modems.
BCC	Blind Carbon Copy (blinder Durchschlag): Kopie einer E-Mail, die an weitere Empfänger geht, ohne dass der Empfänger dies sieht.
Bookmark	Lesezeichen, mit dem die Adresse einer favorisierten Web-Seite gespeichert wird.
Browser	WWW-Browser, Web-Browser. Programm das in der Lage ist, HTML-Code zu interpretieren und dadurch Webseiten auf einem Bildschirm darzustellen.
CC	Carbon Copy. Kopie(n) einer E-mail an weitere Empfänger.
CGI	Common Gateway Interface. Schnittstelle, die es ermöglicht, Programme oder Scripte im Web bereitzustellen, die von HTML-Dateien aus aufgerufen werden können und selbst HTML-Code erzeugen und an einen Web-Browser senden können.
Chat/Chatten	engl. „schnattern". Digitale Online-Unterhaltung.
Client	Rechner der Serverdienste in Anspruch nimmt.
Community	Zusammenschluss von Internetbenutzer zu einer virtuellen Gemeinschaft im Internet.
Cookie	Kleine Textdatei, die von einem Web-Server via Internet an den Browser des Benutzers übertragen und auf seinem Computer gespeichert und bei erneutem Aufruf der Seite wieder ausgelesen wird.

Counter

Zähler: zählt Zugriffe auf eine Web-Seite oder eine Website.

CSS

Cascading Style Sheets. HTML-Erweiterung, bei der häufig benutzte Formatvorgaben und Schrifttypen nur einmal definiert werden müssen.

DENIC eG

Deutsches Network Informations Center, es verwaltet bzw. teilt die Internet-Adressen für Deutschland zu. Rechtsform: eingetragene Genossenschaft.

Digitaler Zugang

Die Datenübertragung erfolgt durchgehend digital hauptsächlich per ISDN oder ADSL.

DNS

Domain Name Service (oder Server), Zuordnung einer IP-Adresse zu einer leichter merkbaren „sprechenden" Adresse, z. B. www.spiegel.de. Diese Zuordnung erfolgt auf einem speziellen Server (DNS).

Domain

engl. „domain" = Gebiet. Bestandteil einer Internet-Adresse. Jeder ans Internet angeschlossene Computer wird mit einer Domain-Bezeichnung angesprochen.

Download

Herunterladen von Daten (Programmen, Texten, Bildern) aus dem Internet auf den Computer.

DSL

Digital Subscriber Line: Datenübertragungstechnik, bei der Daten in digitaler Form per Kupferkabel übermittelt werden. Neben ADSL gibt es noch andere DSL-Techniken wie z. B. HDSL (Highspeed DSL), VDSL (Very Highspeed DSL) oder SDSL (Symmetric DSL).

E-Commerce	Electronic Commerce, über das Internet abgewickelte Geschäfte.
Electronic Banking	Möglichkeit, Bankgeschäfte wie Überweisungen per PC zu erledigen.
E-Mail	Versand und Empfang elektronischer Post, Versendung von Texten und Daten an mehrere Empfänger gleichzeitig möglich.
E-Zine	Elektronisches Magazin (Zeitung), das nur im Internet erscheint.
FAQ	Frequently Asked Questions (= häufig gestellte Fragen), Frage-Antwort-Liste im Internet.
Firewall	engl. = Brandmauer. Schutzwall aus Hard- und/oder Software, der einen an das Internet angeschlossenen Rechner vor Hackerangriffen schützen soll.
Flatrate	Internet-Zugang zum monatlichen Pauschaltarif. Telefonkosten sind inklusive.
Frames	Bei WWW-Seiten in Frametechnik werden mehrere HTML-Dokumente gleichzeit in einem Browserfenster dargestellt.
FTP	File Transfer Protocol. Protokoll zum Datentransport von und zu einem Server (Up- und Download).
GIF	Bilddatenformat für das WWW, verlustfreie Kompression, max. 256 Farben, transparente Bildstellen und Animationen möglich.
Homepage	HTML-basierende WWW-Seite.

HTML	Hyper Text Markup Language, Seitenbeschreibungssprache zur Darstellung von WWW-Seiten.
HTML-Generator	Software, die es einem Anwender ohne HTML-Kenntnisse ermöglicht, im WYSIWYG-Modus eine HTML-Seite zu erstellen.
Hyperlink	siehe Link.
Hypertextreferenz	siehe Link.
ICANN	Internet Corporation for Assigned Names and Numbers, US-amerikanische Non-Profit-Gesellschaft registriert, kontrolliert und verwaltet alle IP-Nummern und Adressen im Internet.
Image Map	Grafik auf einer Web-Seite, die aus anklickbaren Teilen besteht, die per Hyperlink zu weiterführenden Informationen führen.
IMAP	Internet Message Access Protocol. Protokoll, mit dem sich E-Mails empfangen und auf dem Mail-Server verwalten lassen, ohne sie auf die eigene Festplatte herunterzuladen.
Interlaced	Einstellungsmöglichkeit bei der Erstellung von Gif-Bildern, beim Laden erscheint das Bild zunächst unscharf und wird im Laufe der Ladezeit immer schärfer, da zuerst nur jede zweite Bildzeile übertragen wird.
Internet	International Network, weltweiter Zusammenschluss von Computernetzwerken zur Datenkommunikation.
Internet-Site, Website	Mehrere Internetseiten, die in einem logischen Zusammenhang stehen.

IP Internet Protocol, adressiert, fragmentiert und übermittelt Daten an den Empfänger.

IP-Adresse Internet-Protokoll-Adresse, besteht aus einer Ziffernfolge, die den Rechner im Netz identifizierbar macht.

IRC Internet Relay Chat. Konferenzschaltung im Internet, bei der sich beliebig viele Teilnehmer gleichzeitig online unterhalten können.

ISDN Integrated Services Digital Network. Digitale Datenübertragungstechnik mit 64 kBit/s pro Kanal.

Java Programmiersprache von Sun Microsystems: Zur Ausführung von Java-Programmen wird eine Java Virtual Machine benötigt, die in das Betriebssystem oder den Browsern eingebaut ist. Java-Programme lassen sich betriebssystemunabhängig auf jedem Computer ausführen.

Javascript Script-Sprache von Netscape, mit der sich interaktive Web-Seiten gestalten lassen.

JPEG Bilddatenformat für das WWW, verlustbehaftete Kompression, max. 16,5 Mio. Farben.

Klammeraffe @-Zeichen.

Kryptographie Datenverschlüsselung zum Schutz vertraulicher Informationen beim Datenaustausch übers Internet.

LDAP Lightweight Directory Access Protocol. Einfaches Protokoll für den Zugriff auf Verzeichnisse, Standard für die Kommunikation mit Datenbanken im Internet. Ist die Mail-Adresse eines Empfängers unbekannt, greifen Mail-Programme mit diesem Protokoll automatisch auf E-Mail-Adressbücher im Web zu.

Link

Verweis (Hyperlink) zu einem anderen Web-Dokument auf derselben Website oder auf andere Web-Angebote.

Link-Checker

Software, die die Funktionsfähigkeit von Links zu internen und externen Seiten überprüft.

Mailbox

Elektronisches Postfach, das ankommende E-Mails speichert, bis der Empfänger sie abruft.

Mailing-Liste

Internet-Dienst, der Informationen an Internetuser verteilt, die Interesse an einem bestimmten Thema haben. Der Abonnent wird automatisch per E-Mail auf dem Laufenden gehalten.

Mail-Server

Rechner, auf denen E-Mails zwischengelagert werden. E-Mails können vom Mail-Server heruntergeladen oder zum Weiterversand an diesen geschickt werden.

Meta-Suchmaschine

Suchmaschine, die einen Suchbegriff bei mehreren Suchmaschinen abfragt und die gesammelten Resultate anzeigt

Meta-Tag

Spezielle HTML-Tags, die Informationen über den Inhalt der HTML-Seite wie z. B. Name des Autors, Schlüsselwörter usw. liefert.

MIME

Multipurpose Internet Mail Extensions = Mehrzweck-Erweiterung für E-Mails. Kodierungsverfahren mit dem sich zusätz-

	liche Dateien als Attachment an die eigentliche Nachricht anhängen lassen.
MODEM	Modulator/Demodulator, siehe analoger Zugang.
Netikette	Kunstwort aus Netz und Etikette, Verhaltensregeln für die Kommunikation via Internet.
Newbie	Computer- oder Internet-Neuling.
Newsgroup	Themenorientierte Diskussionsgruppe im Usenet.
Newsreader	Programm zum Lesen und Schreiben von Newsgroup-Beiträgen.
NTBA	Network Terminator Base Access, ISDN-Netzabschlussbox
Online-Dienst	Gebührenpflichtiger Internet-Zugangsprovider, der auch eigene, proprietäre Inhalte wie z. B. Home-Banking und E-Mail anbietet.
PGP	Pretty Good Privacy = „ziemlich gute Privatsphäre". Hochsicheres Verschlüsselungs-Programm für E-Mails von Phil Zimmermann; arbeitet mit dem Public-Key-Verfahren (öffentliche Schlüssel).
PlugIn	Erweiterung für Browser um zusätzlich Animationen, Sound oder Videos darstellen zu können.
POP3	Post Office Protocol 3. Standard für den Empfang von E-Mails. Ein POP3-Server speichert ankommende E-Mails, bis der Nutzer sie mit einem POP3-Client abruft.

PPP	Point to Point Protocol. Protokoll, das den Computer des Benutzers mit dem Rechner des Internet-Providers verbindet. PPP ist sicherer und schneller als SLIP.
Provider	Firma oder Gesellschaft, die den Zugang zum Internet ermöglicht. Im Gegensatz zu Online-Diensten bieten Internet-Access-Provider keine eigenen Inhalte an.
Proxy-Server	Ein dazwischen geschalteter Server, der aufgerufene Internetseiten abspeichert, so dass sie erneut aufgerufen werden können, ohne auf die Originalseiten zurückzugreifen zu müssen.
Remote Access	Fernsteuerung eines Rechners via Internet oder per DFÜ.
RIPE	Réseaux IP Européens Network Coordinate Center, Unternehmen in Amsterdam, das für Europa die Internetnummern vergibt.
Robot	Software, die das Web nach vorgegebenen Suchkriterien durchforstet und die Ergebnisse für Suchmaschinen zur Verfügung stellt.
Server	Rechner, der Internetseiten-Dienste bereitstellt.
SGML	Standard Graphic Markup Language. Dokumentenbeschreibungs-Sprache, es handelt sich um eine Metasprache aus der sich andere Sprachen entwickelt haben z. B.: HTML, XML, WML.
Site	Internet-Site.

SLIP	Serial Line Internet Protocol. Protokoll, mit dem eine Internet-Verbindung zu einem anderen Rechner aufgebaut wird. Dieses Protokoll gilt als veraltet und wurde von PPP abgelöst.
SMTP	Simple Mail Transport Protocol. Protokoll, mit dem E-Mails ins Internet verschickt werden.
Spam	engl. „Sülze"; auch Junk-Mail. Überflutung von Mailboxen mit unerwünschten Werbe-E-Mails.
Spider	Suchprogramm, das das Internet automatisch nach neuen Adressen absucht.
Splitter	Gerät, das ADSL- und ISDN-Signale mittels Filtertechnik trennt.
Streaming	Technologie zum Übertragen und Abspielen von Video- oder Sounddateien im Internet. Das Abspielen erfolgt bereits beim Eintreffen der ersten Daten, es muss nicht zuerst die komplette Datei heruntergeladen werden.
Sub-Level-Domain	Angabe in der URL, die vor der Top-Level-Domain steht und einen Namen oder Begriff darstellt, z. B. „spiegel.de"
Suchmaschine	Suchdienst (Search-Engine) im Internet, der alle Web-Seiten aufspürt, die einen Suchbegriff enthalten.
Surfen	Aufrufen von WWW-Seiten im Internet.
Tags	HTML-Befehle, die in spitzen Klammern „< >" geschrieben werden.

TCP

Transmission Control Protocol, es überwacht den Datentransport und korrigiert automatisch Fehler.

TCP/IP

Protokollsammlung für die Datenübertragung im Internet.

Telnet

Direkter Zugriff auf andere Computer im Netzwerk.

Thumbnail

engl. „Daumennagel". Miniaturdarstellung eines digitalen Bildes.

Top-Level-Domain

Angabe in der URL, die an letzter Stelle eines Domain Namen steht und die Landeskennung oder die Typenkennung darstellt, z. B. „de" für Deutschland, „gov" für US-amerikan. Regierung.

Trojanisches Pferd/ Trojaner

Bösartiges Programm, das durch den Download scheinbar nützlicher Programme auf den Rechner gelangt. Während der Nutzer am PC arbeitet, können Trojaner im Hintergrund den PC ausspionieren und Daten per Online-Verbindung versenden.

Upload

Hochladen von Daten auf einen Server.

URL

Uniform Resource Locator, eindeutige Bezeichnung eines Dokuments im Internet bestehend aus: „Protokoll://Server:Domain/Ordnername/Dokument".

Uucode

Tool, mit dem sich Daten via Mail versenden lassen. Dateien, die als Mail-Anhang versandt werden, werden in ASCII-Dateien umgewandelt und beim Empfänger wiederhergestellt.

VRML	Virtual Reality Modeling Language. Web-Sprache, die das Aussehen von dreidimensionalen Räumen beschreibt.
W3-Konsortium (W3C)	Unabhängiges, sich selbst überwachendes Gremium für technische Standards im Web.
WebDAV	Web Document Authoring and Versioning, Protokoll für Schreibzugriffe auf Dokumente unter der Verwaltung eines HTTP-Servers.
Web-Master	Verwalter einer Website.
Webspace	Speicherplatz für HTML-Dateien und sonstige Dateien.
WML	Wireless Markup Language. Dokumentenbeschreibungs-Sprache zur Darstellung von web-ähnlichen Seiten auf WAP-fähigen Mobiltelefonen.
WWW	World Wide Web (W3), Bestandteil des Internets, hypertextbasierendes Informationssystem mit grafischer Oberfläche, zur Darstellung wird ein WWW-Browser benötigt.
XHTML	Extensible Hyper Text Markup Language, HTML auf der Basis von XML.
XML	Extensible Markup Language, plattformübergreifende Dokumentenbeschreibungs-Sprache.

7.2 CD-ROM und DVD

Booklet

Einsteckkarte oder -heft in die Standard-Plastik-Verpackung für eine CD/DVD. Endformat: 121 mm × 120 mm.

CAV-Verfahren

Constant Angular Velocity. Speicherverfahren, bei dem die Daten in Sektoren, Blöcken und Spuren auf einen Datenträger geschrieben werden. Beispiel: magnetische Festplatte

CD-ROM

CD = Compact-Disk, ROM = Read Only Memory. Speichermedium für digitale Daten. Die Daten sind durch Vertiefungen (Pits) und Erhebungen (Lands) codiert, die durch einen Laserstrahl abgetastet werden.

CLV-Verfahren

Constant Linear Velocity. Speicherverfahren, bei dem die Daten in einer spiralförmigen Spur linear von innen nach außen auf einen Datenträger gespeichert werden. Beispiel: CD-ROM.

Dateiname nach ISO 9660

Darf maximal acht Zeichen aufweisen. Der Name muss ein Suffix enthalten,das maximal aus drei Zeichen bestehen darf.

DVD

Digital Versatile Disk. Höhere Speicherdichte als bei CD-ROM durch kleinere Pits und Lands sowie doppellagige Datenschichten.

Inlaycard

Einsteckkarte für die Rückseite der Standard-Plastik-Verpackung für eine CD/DVD. Endformat: 150 mm × 118 mm.

ISO 9660

Konvention, nach der eine CD für die Nutzung auf verschiedenen Computerplattformen geschrieben wird. Vor allem das Dateiverzeichnis und die Namenskonvention müssen beachtet werden.

ISO-Konvention für Dateinamen

- Die Zeichen A bis Z
- Die Ziffern 0 bis 9
- Der Unterstrich (So sieht er aus: TEIL_008.TXT).

LASER

Light Amplifikation by Stimulated Radiation. Häufig verwendete Lichtart in der Medientechnik, z. B. Belichter, CD-Brenner.

Lead-in-Bereich einer CD

Enthält das Inhaltsverzeichnis einer CD-ROM

Lead-out-Bereich einer CD

Markiert das Ende einer CD oder einer Session.

Multi-Session-CD

CD-ROM, welche aus einem ersten Lead-in-Bereich, einem Datenbereich und einem Lead-out-Bereich, einem zweiten Lead-in-Bereich, einem Datenbereich und einem Lead-out-Bereich usw. besteht.

Pits and Lands

Erhebungen bzw. Vertiefungen auf der Oberfläche einer CD. Sie repräsentieren die Nullen und Einsen des binären Codes.

Schreibreihenfolge bei der Herstellung einer CD-ROM

1. Schreiben des Datensatzes
2. Schreiben des Lead-out-Bereiches
3. Schreiben des Lead-in-Bereiches mit dem Inhaltsverzeichnis

Single-Session-CD

CD-ROM, welche aus einem Lead-in-Bereich, einem Datenbereich und einem Lead-out-Bereich besteht.

Suffix — Namenserweiterung eines Dateinames nach dem Punkt mit maximal drei Zeichen (nach ISO 9660).

WORM-Technologie — Write Once Read Many – schreib einmal, lies häufig. Beschreibt die Technologie zum einmaligen Beschreiben einer CD-R.

7.3 Video

AVI — Audio Video Interleave: Dateiformat für Windows-PC.

Betacam SP und SX — Componenten-Format von Sony, bei uns Standard für die professionelle analoge Videoproduktion.

SX ist das neuere Komponentenformat von Sony für die professionelle digitale Produktion.

Digitalvideo — Digitale Aufnahme und Speicherung von Bild- und Tondaten mit Hilfe digitaler Videokameras.

1. Oberbegriff für den DV-Standard. Digitales Komponentenformat mit einer reduzierten Farbaufzeichnung (4:2:0) sowie einer Kompressionsrate von 5:1. Die Datenrate beträgt 25 MBps, ein Bild ist 130 kB groß.

2. Kassettenformat der DV-Standardkassetten (60–180 Minuten). Spurbreite 10 mm, Bandgeschwindigkeit 18.8 cm/s.

Frame — Einzelbild eines Videofilmes.

Framerate — Anzahl der Einzelbilder pro Sekunde. Die Framerate ist für die flüssige und ruckelfreie Widergabe fortlaufender Bewegungsabläufe in einem Videoclip verantwortlich.

Keyframe

Schlüsselbild, enthält alle Informationen eines Frames und ist im Prinzip Ausgangsbild für Deltaframes.

Lossless Compression

Verlustfreie Komprimierung.

Lossy Compression

Verlustbehaftete Komprimierung.

Mini-DV

Kleines Kassettenformat von Digitalvideo, mit den gleichen Bandeigenschaften wie DV. Die Aufzeichnungsdauer geht bis 60 Minuten. Alle Videorecorder lesen MiniDV-Kassetten.

MOV

QuickTime-Video: Dateiformat für Videos, das auf allen gängigen Betriebssystemen eingesetzt werden kann.

MPEG-1

Erste Komprimierungsfestlegung für Digitalvideos im Jahr 1992.

Siehe auch MPEG im Kapitel 3.4 Dateiformate.

NTSC

National **T**elevision **S**ystems **C**omitte (Videonorm für die USA). Halbbildverfahren mit 60 Hz. Empfindlich für Farbtonänderungen.

PAL

Phase **A**lternating **L**ine (Videonorm für Westeuropa). Halbbildverfahren mit 50 Hz.

Poster

Titelbild eines Videoclips.

QT-HotSpot	Virtuelle Öffnung zwischen zwei QTVR-Filmen. Mit Hilfe des HotSpots gelangt man von einem Raum in den nächsten virtuellen Raum.
QTVR	Quick-Time-Virtuell-Room. Technologie zur Darstellung virtueller Räume oder virtueller Objekte.
Quicktime	Datenaustauschformat von Apple für Bild-, Ton- oder andere zeitbezogene Daten.
SECAM	**S**équentiel **E**n **C**ouleur **A**vec **M**émoire (Videonorm für Frankreich und Teile von Osteuropa). Halbbildverfahren mit 50 Hz. Geringeres Farbauflösungsvermögen als PAL und NTSC.
Sorenson Video	Codec, geignet für Videostreaming.
Spur	Teil eines Videoclips. Es gibt Videospuren und Tonspuren.
S-VHS	Super-Video-Home-System.
Timebase	Interne Zeitauflösung, mit der ein Videoschnittprogramm arbeitet.
VHS	Video-Home-System.
Video-8-Format	Verbessertes VHS-Format.
Videostreaming	Technologie zur Übertragung von digitalen Videos in Netzwerken wie Internet oder Intranet.
Vorschau	Verkürzte Darstellung eines Videoclips beim Schnitt. Dabei werden weniger Frames als bei der späteren Exportberechnung dargestellt.

Vorschauspur

Enthält die Vorschauinformation eines Videoclips, die beim Schnitt abgerufen wird. Die Vorschauinformation zeigt nicht die komplette Videoinformation.

8 Präsentation

Agentur-Präsentation	Dient der Selbstdarstellung und der Gewinnung neuer Kunden.
Akquisitions-Präsentation	Es werden potenziellen Kunden Lösungsvorschläge für deren Probleme angeboten.
Augustoni-Gesprächsregel	Bestätigung, Frage und Zuhören werden erst wirksam, wenn diese Elemente miteinander verknüpft werden. Die Augustino-Gesprächsregel: Mund auf – Bestätigung – kurze Aussage – Frage – Mund zu. Werden diese Bausteine nicht so verknüpft, kann der Präsentator unprofessionell wirken.
Beamer	Visualisieren mit einem Laptop und einem Beamer ist einfach und sehr effizient. Schnelle Aktualisierung und der professionelle Eindruck sind wesentliche Eigenschaften.
Begrüßung	Die Eröffnung einer Präsentation beginnt mit der Begrüßung. Die Begrüßung ist sachlich oder persönlich durchzuführen, wobei die Art vom Teilnehmerkreis abhängig ist.
Bestuhlung einer Gesprächspräsentation	Bei der Bestuhlung sollte die U- oder Halbkreisform gewählt werden, sodass jeder jeden sehen kann. Dadurch wird die Atmosphäre persönlicher und die aktive Teilnahme wird begünstigt.

Blickkontakt

Die Augen sind das bedeutendste Sinnesorgan des Menschen. Das Auge signalisiert die Blickrichtung und es werden Gefühle wie Liebe, Zuneigung, Hass, Überheblichkeit usw. ausgedrückt. Mit Blickkontakt drückt der Präsentator persönliche Sicherheit und Stärke aus. Ohne Blickkontakt wirkt der Präsentator unsicher.

Der erste Eindruck

Man hat nie eine zweite Möglichkeit einen ersten Eindruck zu machen. Es entscheiden die ersten Augenblicke darüber, ob das Gefühl der Zuhörer positiv oder negativ ist. Ist das Gefühl negativ, so ist dies äußerst schwer zu korrigieren.

Dialekt

Verständlich reden und sich auf die Zuhörer einstellen ist die Basis, man sollte aber nicht versuchen, einen Dialekt zu verleugnen.

Distanzen bei der Präsentation

Die räumlichen Abstände zwischen Präsentator und Zuhörer spielen eine wesentliche Rolle. Man unterscheidet dabei zwischen intimer Distanz, persönlicher Distanz, sozialer Distanz und öffentlicher Distanz. Grundsätzlich gilt: Wer Distanzen missachtet – missachtet auch die Person.

Einleitungsfragen bei der Gesprächspräsentation

Fragen, die die Präsentation eröffnen. Zum Beispiel: Welche Punkte sind für Sie von besonderer Bedeutung? – Welche neuen Aspekte haben sich ergeben?

Feedback

Der Präsentator holt sich von den Zuhörern Zustimmung ein, in dem er in Form einer geschlossenen Frage ein „kleines JA" einholt. Die Zuhörer zeigen es meist unbewusst durch Lächeln bzw. Kopfnicken. Die Zustimmung nennt man Kaufsignal.

Flipchart	Transportable Haltevorrichtung für Flip-Chart-Papier (ca. 70 cm × 100 cm). Unproblematisches Hilfsmittel für die Visualisierung, da keine Technik nötig ist.
Fragearten	Man unterscheidet offene, geschlossene und rhetorische Fragen.
Frontalpräsentation	Der Präsentator steht vor einer Gruppe von Zuhörern und referiert über ein Thema.
Geschlossene Frage	Entscheidungsfrage. Die geschlossene Frage dient hauptsächlich dazu, dass Entscheidungen getroffen werden und somit ein Punkt erledigt wird.
Gesprächspräsentation	Präsentation im Rahmen eines Gesprächs oder einer Verhandlung am Tisch.
Gestik	Gestik wird mit den Armen und Händen ausgedrückt. Gestik belebt eine Präsentation. Gestik darf nicht übertrieben werden, da sie sonst als unecht empfunden wird.
Intime Distanz	Intimzone. Die intime Distanz beträgt eine halbe Armlänge. Diese Distanz darf der Präsentator nie betreten. Bei der Gesprächspräsentation am Tisch betrachtet jeder Gesprächspartner die Hälfte des Tisches als seine Zone.
Kaufsignal	Wenn der Präsentator vom Zuhörer Zustimmung erhält in Form von Lächeln bzw. Kopfnicken, wird dies in der Verkaufstechnik als Kaufsignal bezeichnet.

Killerphrasen

Killerphrasen sind keine sachlichen Beiträge und deshalb zu vermeiden. Killerphrasen sind z. B. „Wie ich Ihnen letztes Mal sagte", „Das ist in der Praxis nie machbar", „Endlich komme ich nun zu Wort".

Konkurrenz-Präsentation

Klassische Form der Produktvorstellung zur Kunden-Gewinnung.

Mimik

Gesichtsausdruck. Ein chinesisches Sprichwort sagt: „Wer nicht lächeln kann, sollte kein Geschäft aufmachen!" Der Mund ist der ausdrucksvollste Teil des Gesichts. Lächeln ist Ausdruck von Zufriedenheit, Fröhlichkeit, Freundschaft – also positiver Ausdruck.

Mind Mapping

Ein Mind Map benutzt Schlüsselwörter, Farben und Bilder, damit Ideen visualisiert werden. Das Leit-Motiv steht in der Mitte.

Offene Frage

W-Frage. Offene Fragen beginnen mit den Fragewörtern wer, wie, was, wo, wann, welche, wie viel, warum. Offene Fragen bewirken bei den Zuhörern, dass die Präsentation auch andere Meinungen und Ideen zulässt.

Öffentliche Distanz

Die öffentliche Distanz beginnt bei eineinhalb Armlängen. Diese Distanz wird bei Frontalpräsentationen eingesetzt.

Persönliche Distanz

Die persönliche Distanz beträgt eine halbe bis eine ganze Armlänge. Die persönliche Distanz setzt man bei Präsentationen bewusst ein, z. B. wenn wir Zuhörer per Handschlag begrüßen und verabschieden.

Präsentation	Aufbereitete Informationen darstellen, vorlegen oder vorzeigen. Das heißt bildhafte Darstellung der Inhalte.
Präsentations-Ablauf	Eine Präsentation besteht aus den Elementen Eröffnung, Hauptteil und Schluss.
Präsentationsarten	Man unterscheidet zwischen Frontal- und Gesprächspräsentation bzw. zwischen Agentur- und Akquisitionspräsentation.
Präsentations-barrieren	Der Präsentator muss zu den Zuhörern eine Beziehung aufbauen. Deshalb ist ein „Verstecken" hinter Rednerpulten, Tischen, Computern usw. nicht ratsam. Der Präsentator sollte sich den Zuhörern zeigen, um sich damit dem Zuhörer zu öffnen.
Präsentations-Erfolgsfaktoren	Eine professionelle Präsentation zeichnet sich durch fünf Erfolgsfaktoren – Vorbereitung, Zuhörer, Präsentator, Visualisierung und Umfeld – aus.
Präsentationsmedien	Medien zur Präsentation, z. B. Flipchart, Pinnwand, Meta-Plan, Overhead-Projektor, Beamer.
Präsentations-vorbereitung	Die Vorbereitung ist das Fundament einer Präsentation. Dabei ist das Ziel, das Thema, die Einleitung, den Hauptteil und den Schluss zu beachten.
Präsentationsziel	Das Ziel ist aus dem Blickwinkel des Präsentators, Zuhörers und Auftraggebers zu beantworten.

Präsentator	Der Präsentator ist der wichtigste Faktor für den Erfolg einer Präsentation. Die Mittel des Präsentators sind Sprache und Körper (Kleidung, Haltung, Gang, Blick, Gestik und Mimik).
Primacy Effect	Der erste Eindruck, den man von einer Person erhält.
Rhetorische Frage	Die rhetorische Frage beantwortet sich von selbst. Sie dient dazu, die Aufmerksamkeit und das Interesse bei den Zuhörern wieder zu wecken und kann eine offene oder geschlossene Frage sein. Rhetorische Fragen dienen unter Anderem auch zur Strukturierung einer Präsentation, da sich der Präsentator damit selbst Fragen stellen kann. Die rhetorische Frage ist bei Politikern sehr beliebt, da die eigene Meinung mit enthalten ist.
Soziale Distanz	Die soziale Distanz beträgt eine bis eineinhalb Armlängen. Dies ist die richtige Distanz, die in Gesprächen und Diskussionen angewendet werden sollte.
Sprechpause	Sprechpausen sind ein sehr wichtiger Bestandteil der Präsentation, da der Präsentator die Möglichkeit hat durchzuatmen und neue Gedanken zu fassen. Zudem haben die Zuhörer die Möglichkeit, die Informationen richtig zu verstehen. Des Weiteren wecken Sprechpausen die Aufmerksamkeit und das Interesse.
Sprechtempo	Der Präsentator darf nicht zu schnell sprechen, da ansonsten die Wörter undeutlich ausgesprochen werden und die Präsentation nicht verstanden wird.

Suggestivfrage

Der Fragende stellt die Frage so, dass die Antwort mit der Meinung des Präsentators übereinstimmt. Die Suggestivfrage ist in einer Präsentation zu vermeiden, da sie auf den Zuhörer Druck ausübt und nicht für die Professionalität des Präsentators spricht.

Versprecher

Versprecher gehören leider auch zu Präsentationen. Korrigieren, um Missverständnisse zu vermeiden und die Präsentation fortsetzen. Bei Versprechern ist eine Entschuldigung nicht sinnvoll.

Visualisierung

Da ca. 75 % aller Informationen über das Auge aufgenommen werden, sind die Sprichwörter: „Ein Bild sagt mehr als 1000 Worte", „Kleider machen Leute" sehr richtig. Deshalb muss eine Präsentation durch eine Visualisierung unterstützt werden.

Studien ergeben: Lesen oder Hören: 10–20 % bleiben im Gedächtnis, Hören und Sehen: bis zu 80 % bleiben im Gedächtnis!

Vortrag

Präsentation, die nicht bildhaft darstellt.

9 Medienrecht

Berner Übereinkunft

Internationales Übereinkommen über den Urheberrechtsschutz. Die Übereinkunft besagt, dass ein Urheber in allen Unterzeichnerstaaten den gleichen Rechtsschutz genießt wie ein Inländer. Dieser Übereinkunft sind über 70 Staaten beigetreten.

Copyright

© = Copyrightzeichen – Mit diesem Vermerk wird das Urheberrecht an einem veröffentlichtem Werk dokumentiert. Durch das Welturheberrechtsabkommen ist dieses Zeichen einem einheitlichen Gebrauch zugeführt worden. Für den anglo-amerikanischen Raum muss das Copyright angemeldet werden.

Elektronische Verträge

Gemäß E-Commerce EU-Richtlinie sind elektronisch geschlossene Verträge innerhalb der EU gültig.

E-Mail-Werbung

Kennzeichnungspflicht für E-Mail-Werbung bereits in der Betreffzeile ist gemäß E-Commerce EU-Richtlinie notwendig.

FernAG

Fernabsatzgesetz: Gilt für Verträge über die Lieferung von Waren und die Erbringung von Dienstleistungen unter ausschließlicher Verwendung von Fernkommunikationsmitteln (Internet).

GEMA

Gesellschaft für musikalische Aufführungs- und mechanische Vervielfältigungsrechte. Verwertungsgesellschaft.

Grundlagen des Presserechts in der BRD

Artikel 5 Grundgesetz und die verschiedenen Landespressegesetze.

Impressum

Muss in Druckwerken abgedruckt werden, um einen Nachweis über die Verantwortlichen des Medienproduktes zu haben. Die Inhalte des Impressums sind in den Landespressegesetzen festgelegt.

ISBN

Internationale-Standard-Buch-Nummer (International Standard Book Number)

IuKDG

Informations- und Kommunikationsdienstgesetz: Gesetz zur Regelung der Rahmenbedingungen für Informations- und Kommunikationsdienste.

Lichtbild

Unter einem Lichtbild versteht das Urheberrecht Fotografien. Fotografien unterliegen dem Urheberrecht und genießen einen so genannten Leistungsschutz. Unter die Lichtbilder werden im Urheberrecht z. B. auch Videofilme oder Animationen eingeordnet.

Link

Zugangsvermittlung auf eine andere Seite mit anderem Inhalt. Man wird, rechtlich betrachtet, zum Sender auf eine andere Seite mit anderem Inhalt und kann dafür haftbar gemacht werden.

Linksetzung im Internet

Es gilt ein Haftungsausschluss für fremde Inhalte. Dies gilt auch für gesetzte Links, die auf anderen Seiten ankommen. Nur wenn die Rechtswidrigkeit des Inhalts der verlinkten Seite bekannt ist, haftet der Autor für den gesetzten Link. In der Praxis bedeutet dies, dass man seine gesetzten Links regelmäßig überprüfen soll/muss!

MarkenG	Gesetz über den Schutz von Marken und sonstigen Kennzeichen.
MDStV	Mediendienste Staatsvertrag: Gesetz über den Staatsvertrag für Mediendienste.
Nutzungsrecht	Der Urheber räumt einem Verlag die Nutzung, Verbreitung oder Speicherung seines Werkes zum Druck ein/zur Wiedergabe im Internet/zur Wiedergabe per CD/DVD.
Presse-, Verlags- und Urheberrecht	Recht der Kommunikation und Massenkommunikation. Diese Rechtsbereiche regeln und ordnen das Funktionieren der Massenmedien und deren Kontrolle.
Registrated Trademark	® – Eingetragenes Warenzeichen.
Sammlung	Selbstständig geschütztes Werk in einem Buchband, einer CD-ROM, einem Multimediaprodukt, Datenbank o. ä.
Schriftwerke	Romane, Erzählungen, Gedichte, Drehbücher, Liedtexte, wissenschaftliche Abhandlungen, Zeitungs- und Zeitschriftenartikel.
Schriftzeichen	Sind nach dem Schriftzeichengesetz wie Geschmacksmuster schutzfähig. Neue Schriftzeichen müssen in der Typografie einen Grad an Neuheit und Eigentümlichkeit aufweisen, um sich von anderen Schriftzeichen abzuheben. Nur dann sind sie schutzwürdig.
SigV und SigG	Verordnung und Gesetz zur digitalen Signatur.

Sprachwerke	Vorträge, Ansprachen, Vorlesungen, Predigten, Reportagen, Interviews.
Urheber	Wer in einem Werk als Urheber bezeichnet ist, gilt als Urheber bis zum Beweis des Gegenteils. Ist kein Urheber angegeben, gilt immer der Herausgeber oder der Verleger als Urheber.
Urheberrecht	Das Urheberrecht steht im Urheberrechtsgesetz (UrhG). Durch das UrhG werden persönliche geistige Schöpfungen auf dem Gebiet der Literatur, Wissenschaft und Kunst bereits zum Zeitpunkt des Entstehens des Werkes für den Urheber (Autor, Komponist, Künstler…) geschützt. Die Neuregelung des Urheberrechts trat am 01.07.2002 in Kraft.
Verlagsvertrag, Autorenvertrag	Ein Autor überträgt einem Verlag die Rechte zur Vervielfältigung und Verbreitung eines Werkes. Dabei können Regeln festgelegt werden, wie z. B. bei Übersetzungen, Bearbeitungen, Neuauflagen usw. verfahren wird. Der Verleger verpflichtet sich, das Werk zu vervielfältigen und zu verbreiten und den Autor durch Honorar am wirtschaftlichen Erfolg zu beteiligen.
Verwertungsgesellschaften, VG	Als Zusammenschlüsse von Urhebern, Leistungsschutzberechtigten und Verlegern nehmen diese Gesellschaften treuhänderisch Urheberrechte war, zuständig u. a. für den Einzug und die Ausschüttung von Tantiemen. Bekannte VGs: GEMA, VG Wort, VG Bild-Kunst, GVL.

Welturheberrechts-abkommen (WUA)

Dieses Abkommen wurde von der UNESCO ausgearbeitet und ist im September 1955 in Kraft gesetzt worden. Alle Unterzeichnerstaaten verpflichten sich, einen ausreichenden innerstaatlichen Urheberrechtsschutz auch bei ausländischen Urhebern zu gewährleisten. Voraussetzung ist, dass ein Werke ein © Copyrightzeichen in Verbindung mit dem Namen des Urhebers und der Jahreszahl der Erstveröffentlichung trägt.

Werkarten

- Sprachwerke
- Schriftwerke
- Musikwerke
- Werke der bildenden Kunst (z. B. Gebrauchsgrafik)
- Werke der Baukunst
- Werke der angewandten Kunst
- Lichtbildwerke (z. B. Video, Animation)
- Wissenschaftliche Werke
- Technische Werke und deren Darstellungen
- Datenbanken
- Sammelwerke
- Übersetzungen

10 Sachwortverzeichnis

© Holland + Josenhans

165